限界旅行者、タリバン政権のアフガニスタンへ行く

指笛奏者
Yubibuesousha

見慣れぬ外国人に近づいてきたアフガン人の少年

アフガニスタンの紙幣、共和国時代と変わっていなかった

クンドゥーズで地元のタリバン有力者に呼ばれた時の記念撮影

カブールは盆地で市内には小高い山がいくつもある

インターコンチネンタルホテル警備のタリバン兵、
彼らは英語を勉強していた

まだ消しきれていなかった共和国政権時代の壁画

共和国時代の女性省

米国大使館前でタリバン旗を閃かす戦闘員

警察車両を乗り回すタリバン戦闘員

タリバン１周年パレードを見にきた野次馬市民

タリバン戦闘員やその支持者

米軍から鹵獲したハンヴィーの上で歓喜するタリバン兵

アフガニスタン国立博物館にて

地雷博物館にあるクラスター爆弾等の外殻

自爆テロで巻かれたベルト

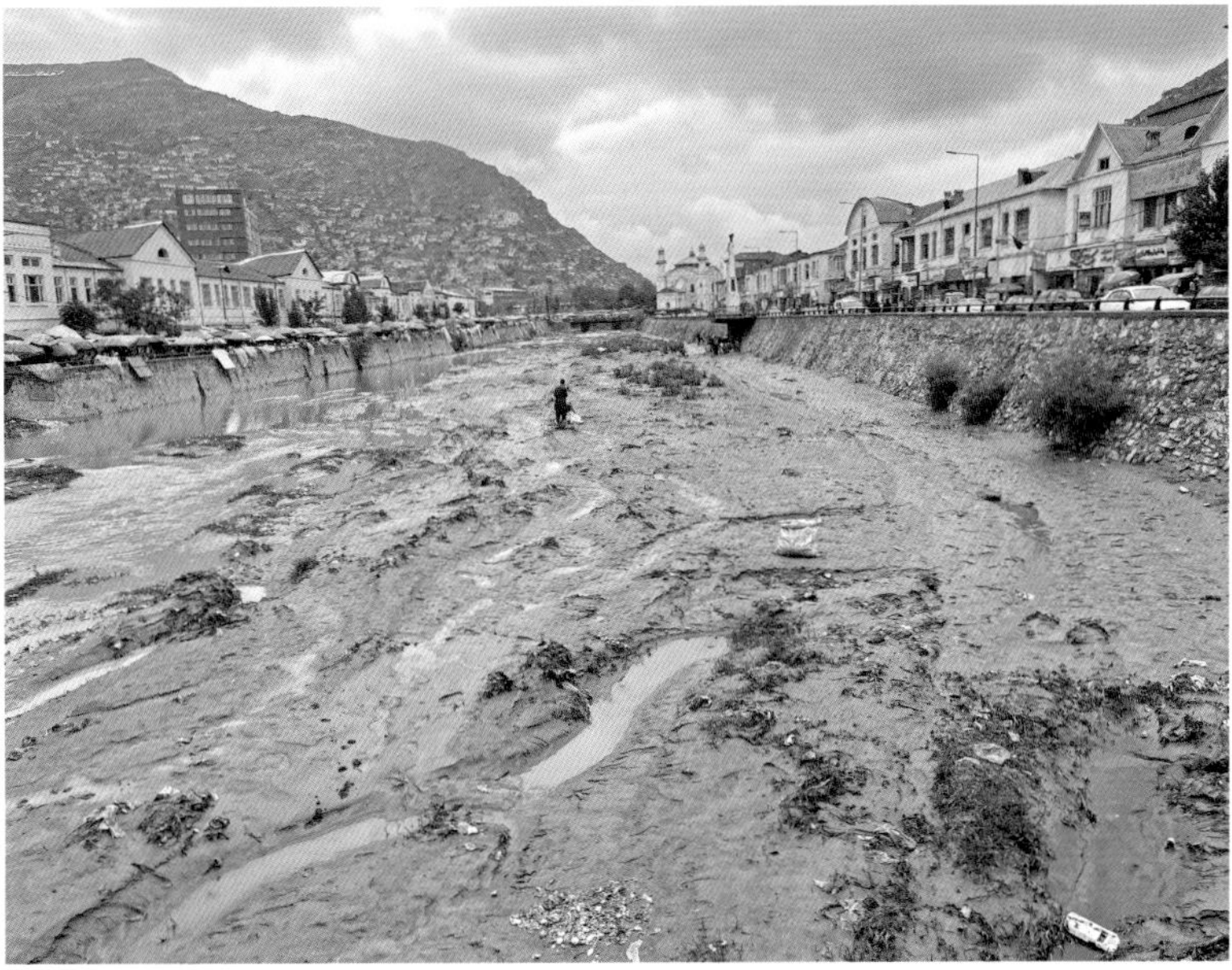

カブール市内を流れる川と河川敷を歩く貧困層

バーミヤンでの放牧の前での写真

バンディ・アミール湖

バーミヤンには大小無数に石窟寺院があり一部には人が住んでいる

バーミヤンの遺跡は上まで登れる

バーミヤンの遺跡、いざ目の前で見るとかなりでかい

バーミヤンの遺跡近くにあるシーア派モスクにある聖樹の幹内

マザーリシャリーフのブルーモスク

ブルーモスクの内部天井

ブルーモスクを囲む塀の夜景

マザーリシャリーフのシーシャ屋で会った医学生

中村哲医師が活躍したジャラーラーバード市内

PKM 軽機関銃や米軍鹵獲 M4 と一緒に撮った

目次

第2章　前代未聞のアフガニスタン入国チャレンジ

第3章　いきなり難易度高すぎる街クンドゥーズ

第4章　ついに、大本命の首都カブール入り！

第5章　破壊されたバーミヤン遺跡と手付かずの大自然

第6章　予定通りにいかないのが限界旅行である

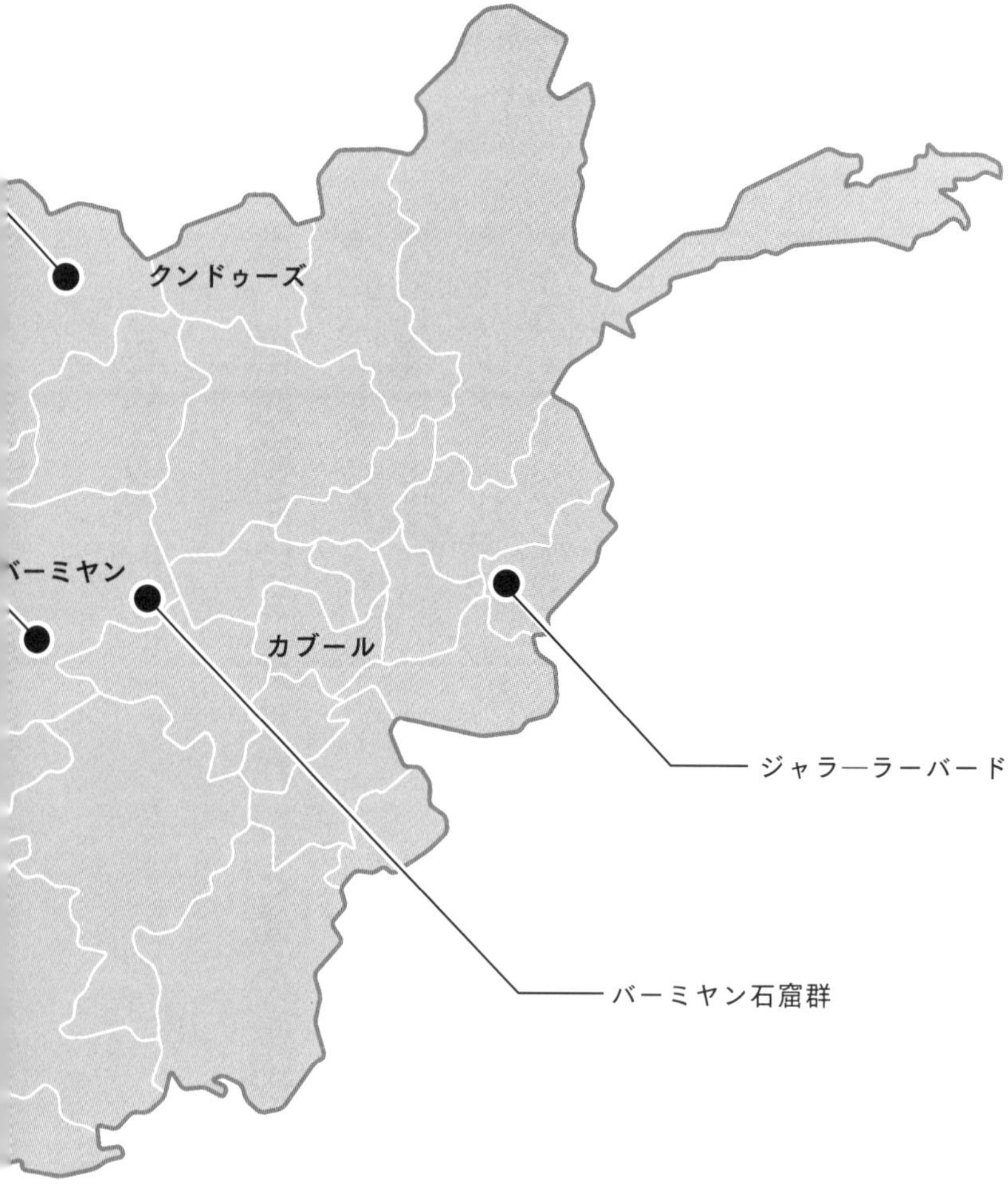

クンドゥーズ
バーミヤン
カブール
ジャラ—ラーバード
バーミヤン石窟群

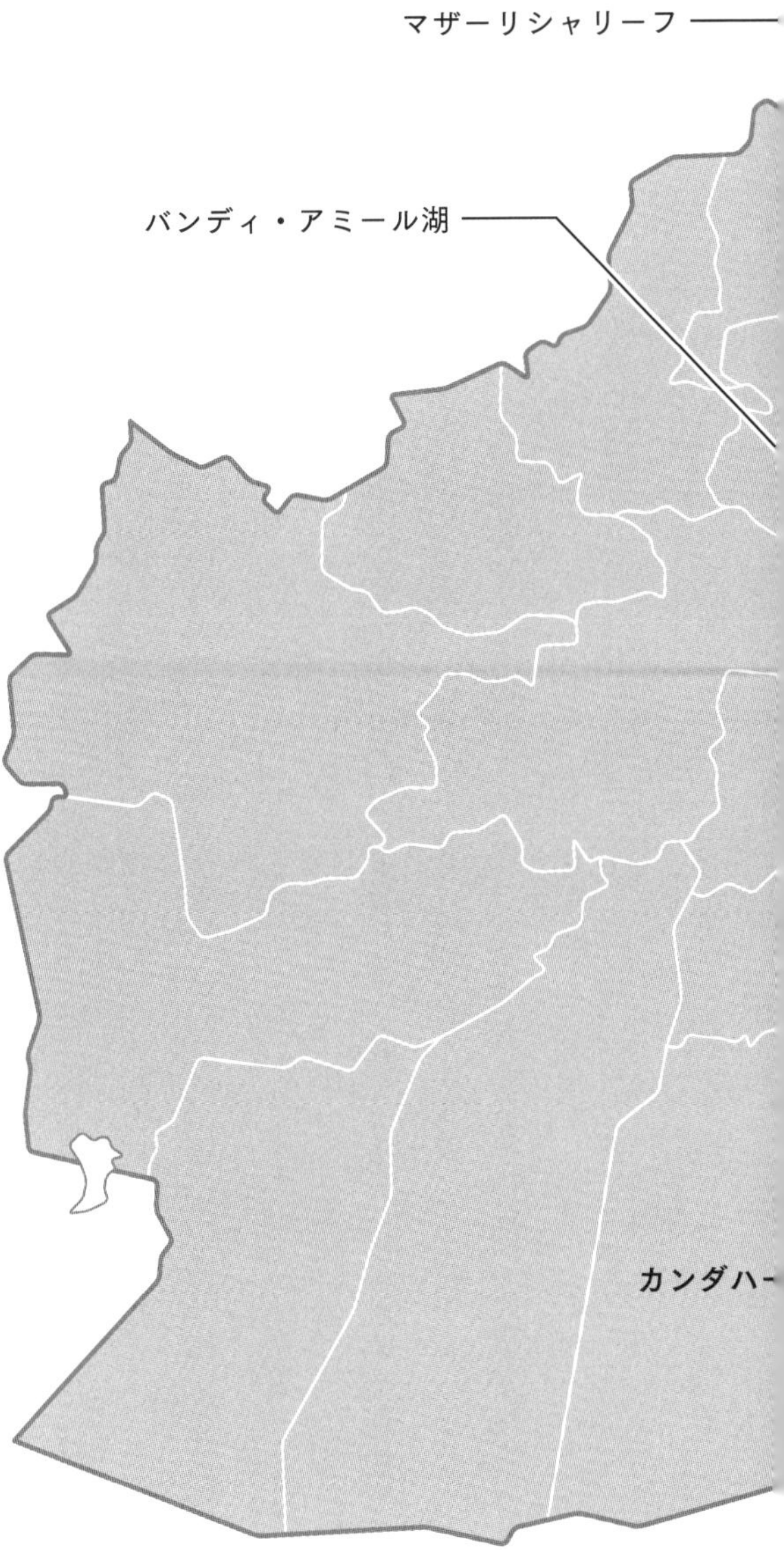

アフガニスタン・イスラム首長国

まえがき

アフガニスタン共和国という国があった。1年以上も前の話である。「あった」と過去形なのは、この国はもう現在は存在していないという意味である。

新生「アフガニスタン・イスラム首長国」はどういう国なのか。

2022年8月その謎を解きに、我々取材班はタリバン政権下のアフガニスタンへと潜入した。

アフガニスタン共和国時代を旅行した人はいたが、この第二次タリバン政権が誕生してから渡航に成功したという旅行者は、ネット上で、主要5言語で調べた限り誰一人として観測していなかった。ビザ取得をして渡航することができたら色々面白い光景が見られるのではないか？　そう考えた。

※アフガニスタンは全土において、外務省危険情報で退避勧告の出ている「レベル4」です。イギリスやアメリカ、大半の国の危険情報で最上級の退避勧告がされています。タリバンが全土を制圧した後、紛争対立がなくなった分、以前より情勢は改善していますが、僕がカブール滞在中にも自爆テロで24人死ぬ事件が起きたり、アヘン中毒者がウロウロしていたり、危険度も旅行難易度も高いです。

最低でもイラクやシリアを自力で旅行できるとか、パシュトー語やダリー語ペラペラみたいな語学力があるとか、それに準ずるレベルがないならお勧めしません。尚、この文章を読んだ後に起きる事象について、僕は如何なる責任も負いません。悪しからず。

CHAPTER 1 One

史上初！ タリバン政権下のビザ取得

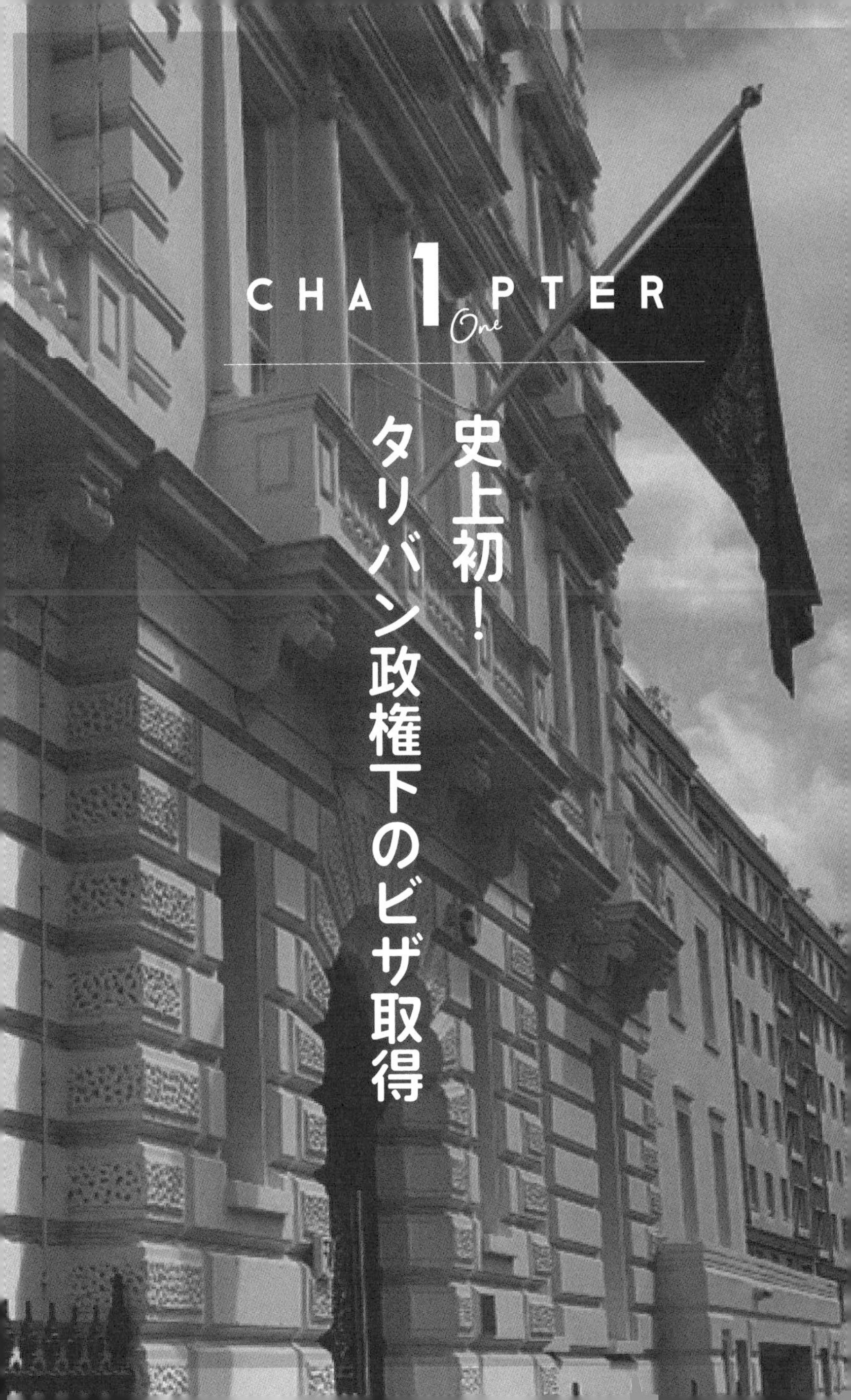

新アフガニスタン国家のビザ取得の難易度はいかに

まず最初に一番問題となったのは、入国するために必要なビザをどう手に入れるかである。最強のパスポートを持った日本人はほとんどの国にビザなしで入国できるが、入国の際にビザが必要な国もある。例えば、ロシアや北朝鮮、サウジアラビアなどが当てはまり、アフガニスタンも必要だ。筆者がアントニオ猪木と一緒に入国した北朝鮮は、近い国なのもあってか、ビザ取得の情報はインターネット上にたくさんある。しかし、アフガニスタンはそうではなかった。その中でもトップレベルに取得難易度が高く、何より情報が少ない。あるにはあったが、それはあくまで２０２１年8月15日まで存在した共和国政府の頃の話である。

共和国政府とは何なのか。なぜ今はなくなっているのか。アフガニスタンを支配するタリバンとは何なのか。軽く触れておく。

２０２１年８月よりも前は、アフガニスタンは少なくとも建前上は民主制が布かれていたが、その前にタリバンという軍事組織が政権を担っていた。

ことは冷戦期に遡る。アフガニスタンでは軍事クーデターが起こり、１９７３年７月に共和制に移行した。その後、共産主義と対立し、１９７８年にも再び軍部のクーデターで共産主義の政権となった。この共産主義政権は、女性解放などを掲げていたが、農村部には受け入れられなかった。ソ連の軍事介入に「ムジャーヒディーン（イスラム聖戦士たち）」と呼ばれる人々が抵抗を行い始める。ソ連と対立している欧米諸国だけではなく、周辺国もムジャーヒディーンを支援し、１９８９年にソ連軍を撤退させることに成功した。

しかし、撤退後にもまた問題が発生した。ムジャーヒディーン同士の主導権争いが激化し、混乱で内戦が起きていた。その内戦のせいで治安は悪化し、ムハンマド・オマルが神学生（ターリブ）を率いて、治安の回復、イスラム世界の法律であるシャリーアに基づいた統治を行うべきとしていた。この神学生がタリバンを結成する。ちなみに「ターリブ」の複数形が「タリバン」である。

内戦に疲弊した民衆の支持を集めて勢力を強めたタリバンは、1996年にアフガニスタン・イスラム国家の樹立を宣言した。日本の公安調査庁はテロ組織としているが、国外に出てテロ活動を行うことはない。タリバンは、アフガニスタンに元からあるイスラム教の伝統を重んじ、それを破壊した西欧の流入を忌避している。

しかし、タリバン政権は2001年12月に崩壊を迎えた。その発端となったのは、2001年9月11日アメリカ同時多発テロである。首謀者をアルカイダのウサマ・ビンラディンとし、ビンラディンを匿っているとされていたタリバンはアメリカと対立するようになった。

タリバン政権が崩壊した後、ボン合意で新憲法の発布や大統領選挙などが行われ、民主化されていったが、アメリカ軍の駐在は続いた。それに対してタリバンは抵抗を行い、駐在するアメリカ軍やアフガニスタン政権に攻撃を行っていた。

アメリカ国内でアフガニスタンの駐在継続が問題になっていたこともあって、アメリカ軍は２０２１年8月に撤退を開始した。そしてこの本を執筆中の２０２３年8月現在、アフガニスタンの政権はタリバンが握っている。国の名前はアフガニスタン・イスラム共和国からアフガニスタン・イスラム首長国に変わった。アメリカ撤退から多くの大使館が業務を停止しており、入国するのは困難を極めている。

そもそも共和国時代からビザ取得は難しいとされていた。ネットにもあまり情報がなく、百戦錬磨の旅行者の内輪で「カザフスタンの大使は、ビザ代に加えて２００ドル賄賂を渡せば発行してくれる」だとか「イギリスでは2万払えば出る」「大使館近くにいるアフガン人反政府活動家に渡航しないよう警告を受けながらも、クアラルンプールのアフガニスタン大使館で取得する動画を見た」「パキスタンの領事が発行していたが別の都市に移動したらしい」みたいな話を聞いていた。

それも全て過去の話となった。政府が変わってしまったし、どこの国も未だに政府承認をしていないので、アフガニスタンと公式な外交関係のある国は存在していないのである。

大使館を含む在外公館は、旧政権の在外公館であって現政権の傘下とはいえない。新体制での観光ビザ取得の記録は、日本語はもちろんのこと、英語、フランス語、スペイン語、ポルトガル語、中国語でも、この本を執筆した時点では見つからなかった。多分この本は、初めての新アフガニスタン国家の観光ビザ取得のレポートにもなるだろう。

最初のアフガニスタン渡航計画

さて、アフガニスタンに関して少し思い出話をさせていただきたい。アフガニスタンへの渡航計画自体は今回が初めてではなかった。

時は2021年の夏、僕はイギリスに来ていた。

イギリスはこの時、コロナワクチン接種ペースが日本より早く、不法移民や観光客でも無料で打つことができ、ノービザで入国した僕でも一回目を打つことができていた。

アフガニスタンでは徐々に米国とタリバンの間に撤退の合意が成立し、２０２１年４月の半ば頃には、米国のバイデン大統領はアフガニスタンの完全撤退期限を9月11日と宣言した。ワクチンを二回接種し、ワクチンパスポートを手に入れて移動の自由を手に入れられる頃にはまだ米軍撤退はしていないだろうし、アフガニスタン共和国政府にギリギリ駆け込み入国できるだろうと考えていた。

国家の成り立ちや趨勢《すうせい》を身をもって体感する、というのは個人的な旅行の醍醐味の一つである。願わくば、ソ連や東ドイツといった国々もこの目で見たかった。が、生まれる前に消滅してしまったのでどうにもならない。アフガニスタン共和国も、駐留アメリカ軍が撤退したらいつまでもつのかわからない。少なくとも状況が悪化するのは間違いないだろうと思っていた。

それがあの顛末《てんまつ》である。ワクチン二回目を打つ前にカブールはあっさり陥落した。米軍撤退期限よりも約１ヶ月早かった。

カブール陥落の報が出た翌日、在英アフガニスタン大使館に行くと大使館は通常営業していた。しかし、アフガン人たちの業務連絡程度にとどまっており、ビザ発行はできないと言われた。

これが第一回目のアフガニスタン渡航計画である。

前人未踏! タリバン新政権アフガニスタンへの行き方

そして話は今回へと移る。カブールが陥落しアフガニスタンのほぼ全土がタリバン政権の支配下となり、アフガニスタン・イスラム共和国からアフガニスタン・イスラム首長国へと政体が変わった。

全ての外交関係は白紙と化した。これが旅行者にとってどういうことを意味するかというと、在外公館の正当性が消滅したということである。基本的に大使館は政府主体と不可分の存在である。国家は「永続的な国民」「政府」「明確な支配領域」の要件を満たし、それに加えて諸外国から政府の承認を得ることで、国際法上の存在意義や外交関係を担っている。

今回の場合、国家の枠組み自体は変わっていないが、内部を支配する政府自体が、内戦を勝ち抜いたタリバンによって入れ替わってしまった。以前存在した在外アフガニスタン大使館はあくまで共和国政権の大使館であったため、存在が宙ぶらりんになっていた。

しかしどうしても諦められなかったため、2022年3月に片っ端から質問メールを送りつけてみた。航空会社3社と各国のアフガニスタン大使館7つほどに送りつけたところ、在英アフガニスタン大使館からのみ返信が返ってきた。添付されてきたリンクを開くと、1年前にも見たアフガニスタン大使館の公式HPである。

どうやら、今まで通りのシステムでビザ申請が可能、と言いたいらしい。他の旧政権時代の大使館もHP自体は残っているが、あのカブール陥落以降更新が途絶えており、上記のように旧共和国政府の大使館が機能していることに驚いた。これは後から知ったことだが、タリバン政権成立以降、共和国大使館の一部は外交交渉のために業務を続けるようお達しがあったらしい。

「他のメールは返ってこないな……」と思って、別日にたまたまメールのゴミ箱を確認したところ、驚きの事実が発覚した。

大使館職員が返信しなかったのではなく、そもそもメール自体送れていなかったのである。各国にある大使館によって、独自ドメインを取得しているところもあれば Gmail を使っているところもあり、在英アフガニスタン大使館以外は全て何らかの理由で送信自体できていなかった。

メール受信先が消滅しているものもあれば、受信トレイが満杯になって受信拒否されるようになっているものもあった。

ここからは推察になるが、タリバン政権が誕生して以降、各国にいる外交使節団はあくまで消滅した旧政権のものであり、ほとんどが業務を停止したのではないか。その結果、上記のように、メールの受信トレイが溢れるまで放置されるに至ったと思われる。

唯一の頼みの綱　在英アフガニスタン大使館

さて、これにてようやく手がかりを得たわけである。旧政権の大使館が業務を継続しているとは思ってもみなかったが、ダメもとで大量の怪文書を送りつけた甲斐があったわけである。

ちょうど旅行欲も復活しており、ロンドンに友達が来て会う約束がタイミングよくできたこともあって、その時に滞在していたジョージアからロンドン行きの航空券を意気揚々と買った。5月初めのことである。

とはいえ、友達に会うタイミングに合わせて出入国して、シーシャを吸ったり遊んでいたら、なんだかんだ1ヶ月ぐらい経過していた。

あまりに時間が空きすぎると、情勢が変わりすぎてビザの確認メールを送った意味がなくなってしまう。ただでさえコロナで情勢が流動的なのに、イギリスがタリバン政権を正式な政府と認めるかどうかも不透明だし、下手するとすでに変わってるかもしれない。

というわけで、大使館に突撃することにした。

大使館のＨＰが生きているようなので、ビザ発行手続きの予約を入れ大使館へ向かった。予約時間通りに大使館に着くと、掲げられてる国旗は相変わらず旧政権のアフガニスタン・イスラム共和国のものであった。

階段を降り、地下の領事部エリアへと入っていくと、アフガン人らしき男性が一人いるだけでガラガラであった。カブール陥落時は満席でごった返してたのに。

これは時間きっかしに頑張る必要ないな、予約しなくても何も問題ないやつだな、と考えながら大使館職員に話しかけた。

ビザを取りたい旨を伝えると、とりあえずパスポートを見せろと言われる。そこで日本のパスポートを見せると「いや君はイギリスの市民権持っていないでしょ。僕らには発行権限がないんだ」と突き返される。

は？？？　いや、前にメールで確認して返信来たからわざわざジョージアから遠路はるばるイギリスまで来たんだ！！　と、件のメールを見せながら強弁する。

しかし、同じ台詞を繰り返し鰾膠《にべ》もなく断られてしまった。まあ、マイナー国家の大使館ってこういうテキトーなところあるよな。

ただここで簡単に引き下がる僕ではない。とりあえず埒《らち》が明かなかったので、この日は一旦引き下がりまた日を改めて出向くことにした。

数日後の晴れた日にリベンジすると、また来たのかよと若干飽きられた顔をされたが、ニコニコ笑ってまた同じように交渉スタート。先日と同じようにメールを見せながら絶叫。

ここロンドンに来た理由はこのアフガニスタンビザを取るため。たったそれだけ。そのためにわざわざジョージアからここの大使館来たの。チケットを買い、お金を使い、時間をかけた。想像できる？？？

大演説をぶちかますと大使館職員は笑っていた。「とは言われてもなぁ、俺たちに権限ないんだよなｗｗｗ　旅行会社とかからインビテーションレター発行してもらえれば発行可能なんだが……」

当然のごとく、ツアー会社によるアフガニスタンツアーは、全部昨年のカブール陥落以降音沙汰なしである。そもそもそれが可能ならもっと別の方法を取っていた。こんな回りくどい面倒な方法は取らない。

途上国あるある　申請が複雑なのに処理はいい加減

大使館職員である彼が上司やらと話し始めたり、どこかに電話をかけ始めた。その間にさっきの大演説を聞いていた別の職員が面白がって色々話しかけてくる。行きたい場所や口座の残高証明や婚姻しているか否かなどである。

ここら辺の質問はイスラム圏あるあるなので、パパッと書類を見せたりして納得させると「問題なさそう」と先ほどの彼に告げた。

電話を終えた職員が電話番号を書いた紙を渡しながら「事情はわかった。とりあえずこの電話番号にかけて、彼に旅程相談してインビテーションレターを発行してもらってくれ。レターがあればビザ発行可能だ」

うおおおおお！！！！！！

どうやら一旦失敗したかと思ったが光明が差した。ただこの時点では、メモに書かれてる人がツアー会社の人間なのか、現地とのコネクションを持つ人間なのかが判別できなかった。

しかし、ここまで来たらアフガニスタン自体へ行くことはできるだろう、と楽観的な気分になっていた。時間とお金がどれほどかかるかはわからないが。ひとまず次の活路を見出したので、早速塩梅を見計らって電話をかけてみた。

応対した彼に、大使館職員から紹介された旨を伝えると「あーインビテーションレターね。ちょっと別の人に問い合わせなきゃいけないから、I'll call back you soon.」とのこと。外国人のsoonって3分後なのか3日後なのかわかんねえよな、と思いながら電話はあっさり終わった。

少なくとも3日ぐらいは待たされるかなとハードルを下げておいたら、次の日には折り返しの電話がかかってきた。

「インビテーションレター発行できるよ！！　ただし£150（2・5万日本円）かかるけど大丈夫かい？」

いやはや拍子抜けであった。最悪、ツアー斡旋されて情勢が情勢だしふっかけられて、タリバン兵士の監視がついた不自由旅行で£5000（80万円）、とか言われたらどうしようか勝手に悩んでいたぐらいだ。

「いや全然問題ないです。それはつまりインビテーションレター発行費用を払ってビザが通れば、普通に自由に旅行できるって認識でいいんですよね？」

「もちろん、ビザ発行した後は自由だよ！」

はい、大勝利。完全に勝ちを確信した瞬間だった。ビザ費用と合わせて£290、日本円換算で5万円弱かかり、観光ビザの中では世界最高額に近いだろうと思われる値段であったが、ここまでの航空券代や待機時間の宿泊費・生活費を考えたら20万ぐらいはつぎ込んでいるわけで、それに比べたら大したことでもない。

英語やフランス語など、主要国際公用語で検索してもビザを取得した人の記録は一切なかったし、海外のYouTuberやブロガーですら、昨年の8月15日以降カブールに入ったという人は誰もいなかった。これが記録に残る初タリバン政権ビザチャレンジの成功になると思うと脳汁がドバドバ出た。


インビテーションレターを発行するにあたって、必要な書類をWhatsAppで送ってくれ、と言われる。求められたのはイギリスの住所とパスポート写真のみである。

この時点で、婚姻歴や父の名が必要かどうか聞いたところ、必要ないとのことであった。イスラム教圏やあの地域一帯は、婚姻歴を聞いてきたり、父の名や祖父の名が書類上必要になることが多々ある。イスラム教徒は姓を持たず、「自分の名＋父の名＋祖父の名……」のように、父祖代々の名を繋げてるのが一般的だからだ。

所定の書類を送りつけると、インビテーションレターが発行されたらまた連絡するとのこと。支払いもその時に払えばいいらしい。待ちの時間である。

1週間過ぎたが連絡はない。まあでも電話自体は即折り返してきてくれたし、ビザ関係の申請は営業日換算で計算されることが多いし、イスラムの祝日である金曜日を考慮してプラス3日ぐらいかかるかな。

10日が経過し、流石にこれ以上遅くなると色々見通しが読めなくなるので、いつ頃取得できそうか聞いたら、明日の午前中に送るとのこと。あ、こいつ忘れてやがったなw

まあこのいい加減さは慣れっこである。忘れられてたとしても10日間で発行されるなら上出来だろう。

次の日、また忘れられてたようなので、リマインドの催促電話を入れると口座を指定された。上記の通り£150を送金すると次のようなPDFが送られてきた。

15:05
◀ 検索
4G

＜ 戻る　Inviation Letter to Afghan...

JAMIL MANGAL TOURIST AND TRAVEL AGENCY
شرکت خدمات توریستی و سیاحتی جمیل منگل
IATA

Date: Jun 04, 2022

To: The Visa Officer,
Consulate General of the Republic of Afghanistan London,
United Kingdom.

Invitation Letter

Dear Sir/Madam,

We, the undersigned, Jamil Mangal Tourist and Travel Agency in Kabul, Afghanistan with the License No. ATO-KBL-478 wish to invite Mr. [redacted] holding Japan Passport Number [redacted] and for the purpose of tourism from 04-06-2022 during his visit accommodation will be at his own cost in Kabul, Afghanistan.

While in Afghanistan we will be providing her the accommodation, he will be traveling under the basic travel and will hold valid confirmed return air ticket.

We assure you that he will return to his home country after the completion of his visit and all the expenses for the said tour will be borne by himself.

We expect your complete assistance with his visa issuance.

Thanks and Best Regard,

Mohammad Rasool "Mangal"
MD — Jamil Mangal Tourist and Travel Agency
Kabul, Afghanistan
Mobile No.: +93 772103344

Address: Street 10, Wazir Akbar Khan, Kabul, Afghanistan.
Tel: +93 202303600
Mob/WhatsApp: +93 799 49 11 48 / +93 796 495 495
info@jamilmangaltravel.com

想像以上にちゃんとしたインビテーションレターでびっくりであった。個人でインビテーションレターを発行できるコネがある人なのかと勝手に思っていたが、ちゃんとした旅行代理店らしい。

昨年のカブール陥落以降、あれだけ色んな関係各所にメールを送りつけても一切反応がなかったし、サイトの更新が途絶えてたので、旅行代理店は全部活動停止したと思っていた。

中身を見ているとこれまた面白かった。僕が提出したのはパスポートとイギリス内の住所だけである。本来なら求められるであろう航空券の購入証明書や宿泊予約証明書などは一切出していない。なんならパキスタンから陸路で入国しようとしているぐらいである。仰々しい手続きを踏ませる割に、お金でなんとかなる仕組みであった。

書類や手続きはクソめんどくさい仕様なのに、内容がいい加減なのは途上国あるあるだなぁと思いながら、自由行動できるのは間違いないな、と確信ができた瞬間であった。

ようやく手に入れた史上最難関ビザ

インビテーションレターが手に入ったところで、ビザ申請に必要な書類を改めて確認した。ビザ申請用紙等は最初に大使館に向かった日には手に入れていたが、まだ言及していなかったのでここで触れておきたい。

ビザ申請用紙はダウンロード可能ではあるらしい。しかし、最初にサイトで見た時「共和国って普通に書いてあるけど大丈夫なの？？？」と心配になったため、大使館にて確認したら、そのまま使い回している模様。旧政権を打倒して新政権を作ったんだから、名前ぐらい変えればいいのにと思ってしまった。

内容自体は、父性や配偶者の有無を聞いてくるあたり普通のイスラム教国家の様式である。アフガニスタン内の住所欄があるが、テキトーにBooking.comでヒットしたホテルの住所を書いておいたら特に何か言われることはない。

特筆すべきは次の書類である。

سفارت جمهوری اسلامی افغانستان
لندن - بریتانیا

EMBASSY of THE ISLAMIC REPUBLIC
of AFGHANISTAN
LONDON UNITED KINGDOM

د افغانستان اسلامی جمهوریت سفارت
لندن - بریتانیا

AFFIDAVIT

Travel Consent Form

I, ____ presently residing at ____ citizen of ______________________ do hereby solemnly affirm and state as follows:

- I am fully aware of the current security situation in Afghanistan.
- I take full and complete responsibility of my visit to Afghanistan.
- I request the Embassy of Afghanistan in London to provide me with a visa to travel to Afghanistan.

I hereby confirm under the penalty of perjury that the above foregoing representations are true and correct to the best of my knowledge.

This affidavit is signed under the penalty of perjury.

Signature:

Date: _____/_____/____________

これぞアフガニスタン。「情勢を理解しつつ全て自己責任と心得よ」ってか。流石である。有無を言わせない誓約書。限界旅行する際は毎度腹を括っているので、ササっと記入して署名を済ませた。

次の日、意気揚々と在英アフガニスタン大使館へと向かう。２週間ぶりに大使館職員とご対面になると「あ、また来やがったなこいつ……」みたいな視線を向けられた。

得意げにインビテーションレターと共にビザ申請用紙を提出すると、

「あれ、インビテーションレター出した旅行代理店のライセンス番号とパスポートの写しは？？？」

「はい？？？？？　そんなの聞いてないぞ！　またさらに時間食われるやつか？？」と身構える。

「インビテーションレター発行してもらった彼に送ってもらってくれ」

とりあえずこのままでは埒が明かないので、外に出て電話をかける。イギリスは電波が悪すぎて、屋内だと回線が不安定なので繋がらない。イライラに拍車をかけた。

電話をかけて出た彼に、先ほどの書類を大使館側に送りつけてもらうように頼む。あーすぐ繋がってくれてよかった。ここで音信不通だったら心折れてた。


大使館へ戻ると、無事ライセンス番号の書かれた書類らは印刷されたようである。兎にも角にもこれで終わりだろう。誓約書とビザ用写真、申請費用の£140を支払う。

「おっけー、これで書類全部揃ったからビザ発行できるわ。1週間後に取りに来てね」毎度毎度すったもんだの大騒ぎであったので、肩をすくめながら礼を述べると職員も苦笑していた。


言われた通り、1週間後に大使館を訪れる。この日は在外アフガン国籍者と思しき人が多かったが、少し待っていると呼ばれた。

名前を告げると隣の人がバックヤードへと向かう。数分後戻ってきた彼がパスポートをペラペラめくった後、神妙な顔で言う。

「The VISA was rejected.（ビザは拒否されたよ）」

え？？？？？？？？？？？？？？？？？？？？？？？？？？？？？？？？？？？？？？？
？？？？？？？？？？？？？？？？？？？？？？？？？？？？？？？？？？？

頭の中が真っ白になる。

すると大使館職員は「冗談だよｗｗｗｗｗｗ　旅行楽しんでｗｗｗｗｗ」とゲラゲラ爆笑している。隣の職員もニヤニヤしている。

いやほんと勘弁してくれよ。まじで心臓止まるかと思った。大好き。嫌い。本当にありがとう。

手に入れたビザは、旧共和国政権の時の様式そのままだった。

それにしてもビザの国名がAfghanistanだけだし、デザインも国の形を縁取っただけである。スタンプはアフガニスタン共和国の時のまんまだが、これだと政府が打倒されたとしてもスタンプ変えれば全然使い回せるなと思ってしまった。

　イギリス行きの航空券やら滞在費2ヶ月分も含むと、30万近くつぎ込んだ自分至上最高額のビザだった。

　事前情報が一切ないアフガニスタン・イスラム首長国ビザ取得奮闘記であったが、このアタックの掛け方はその他情報が一切ない国の入国方法として応用が効きそうだ。

　それでは、次章はタリバン国家への潜入である。

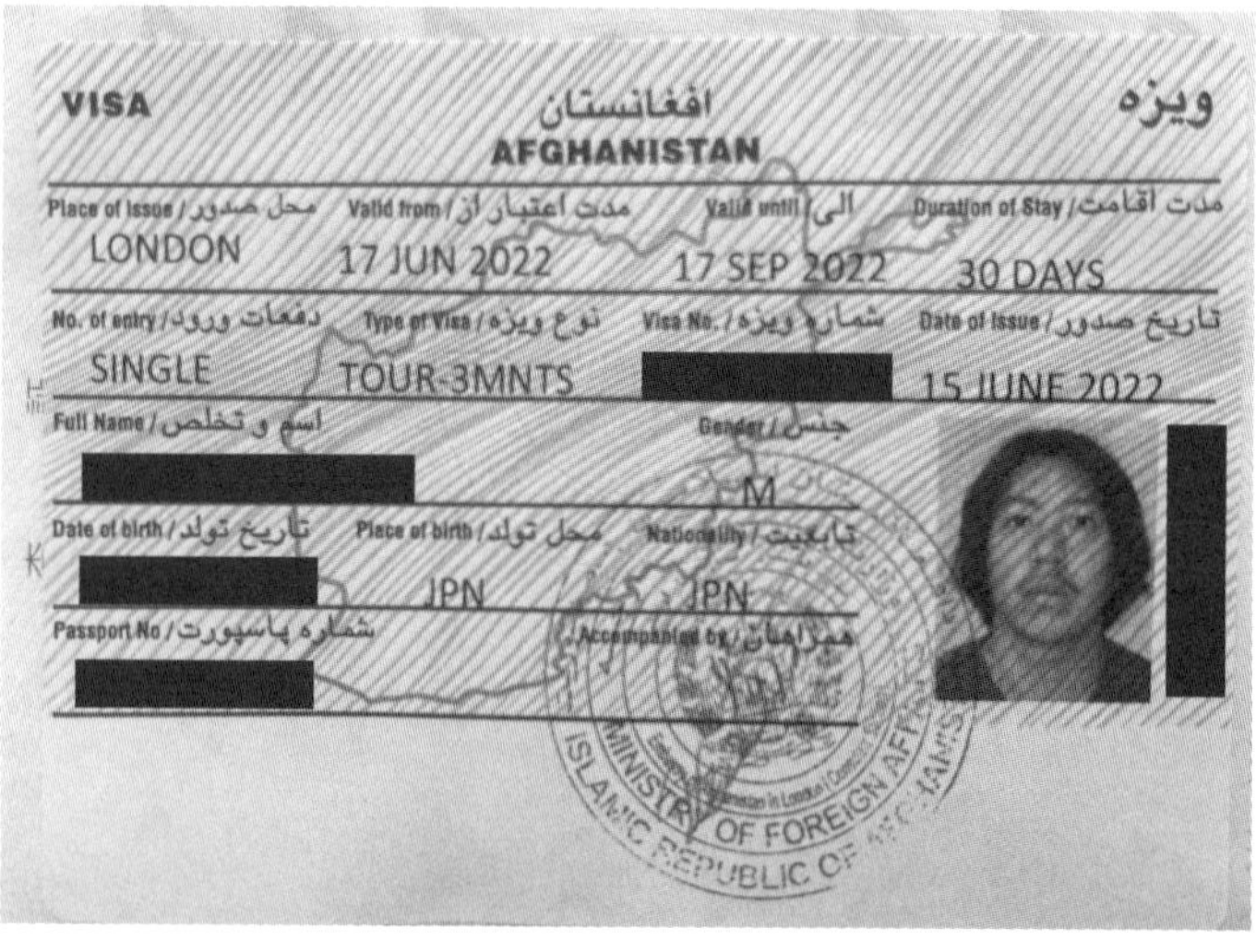

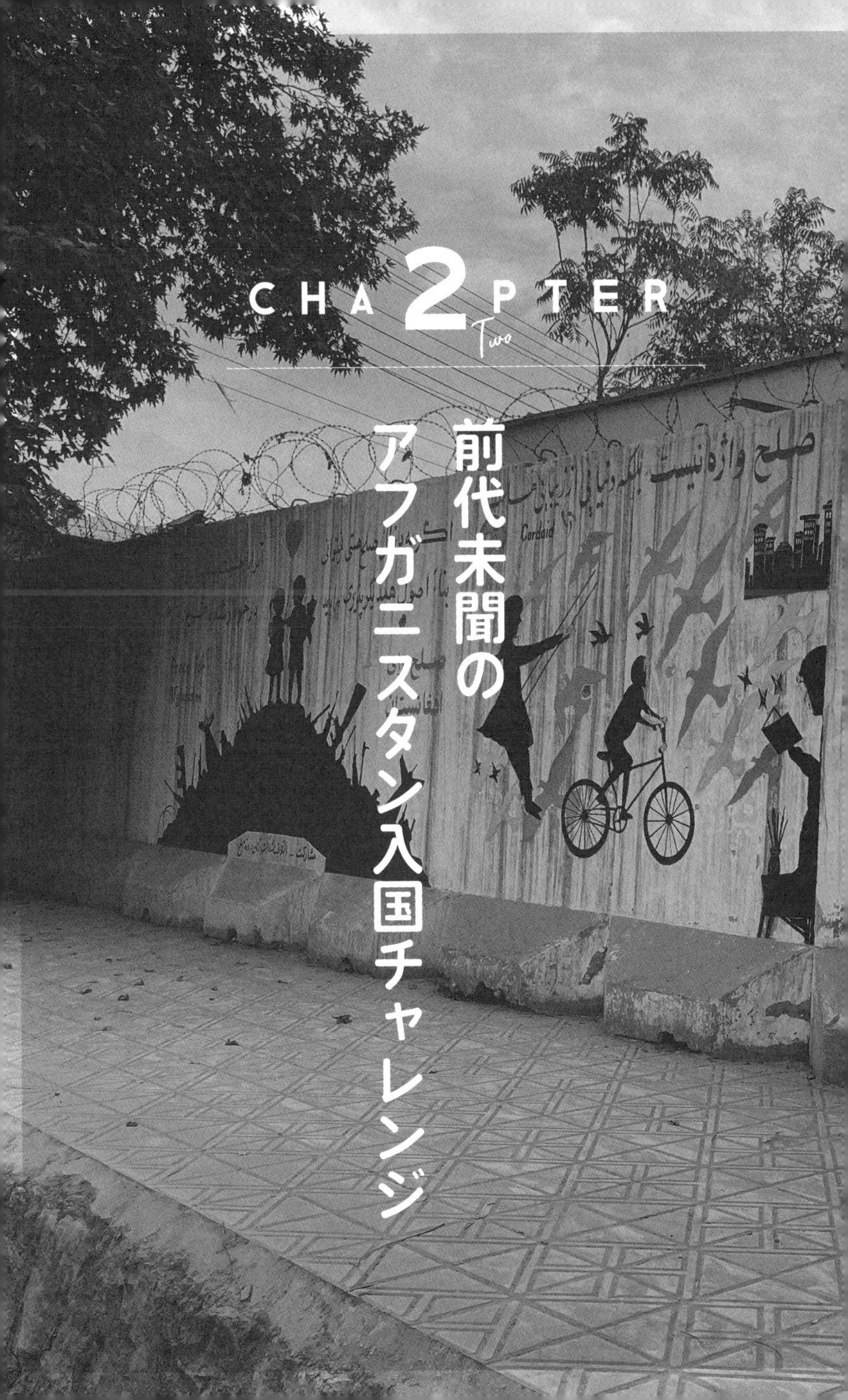

CHAPTER 2 Two

前代未聞のアフガニスタン入国チャレンジ

入国の手段すら自分で探すしかないアフガニスタン

ビザを無事に手に入れた僕が次に気になったのは、いつ入国するかである。最初は自分の誕生日の7月14日のタイミングで記念にアフガニスタンに潜入することを考えた。しかし、僕は飲兵衛《のんべえ》だ。イスラム文化圏では飲酒が禁止されているので、せっかくの自分の誕生日に酒が飲めないのは悲しい。少しばかり考えた後、「ないなw」とあっさりその案は撤回した。

さて次は、アフガニスタンにどう入国するかである。ビザ取得時に国境情報を聞いてみたが、ロンドンの大使館職員は知らなかった。彼らは政権崩壊以降宙ぶらりんの状態で、そのまま本国のタリバン新政権側から「引き続き職務に努めよ」とのお達しでそのままイギリスにいるだけだったからで、内政について詳しくはなさそうであった。

ここでは情報が手に入らなさそうなので、周辺国を旅行しながら各国で情報収集しようと考えた。当初インドやバングラディシュからパキスタンを経由して、陸路でアフガニスタンへ入国する予定であったが、折しも、ロシアによるウクライナ侵略に端を発した燃料価格高騰で航空券が値上がりしており、行き先はキルギスの首都ビシュケクとなった。今まで東アジア方面とヨーロッパ、中東方面は行っていたものの、中央アジアは制覇しておらずアフガニスタンからも近く都合が良かったためである。

ビシュケクへと飛び、アルティンアラシャンという天山山脈にある景勝地をトレッキングしていた時、その４０００m弱ある頂上で出会ったロシア人と、麓の町の中心にあるバザールで再会した。その際に旅行の話になり、彼にアフガニスタンビザを見せたら「俺らロシア人は多分モスクワなら取れると思うわ」と言っていたのが印象的であった。ソ連によるアフガニスタン侵攻があったものの、関係は修復しており、政権を握る前のタリバンとも何度も協議を行っている。多分、両政権の関係性を鑑みるに事実であろう。

その彼に「俺もアフガニスタン旅行しようとウズベキスタンの国境に行ったが通れなかったぞ」と言われた。

別のロシア人にも似たようなことを言われたな。場合によっては中央アジアからパキスタンに飛んで、アフガニスタンの陸路国境として一番有名なカイバル峠を越えるしかないかな、と思い始めた。

だが、彼はモスクワでアフガニスタンのビザ申請をしていなかった。事前にビザを持たずにウズベキスタンの国境に行って、その場でビザが取れるかチャレンジしたが拒否られた、という話だ。その上で「ウズベキスタン国境は開いてないよ」と言ってきたのだ。

これだとあまり参考にならない。これは国境でビザが取れて入国できるかの話であって、事前にビザ取得を済ませた僕とは条件が違うからだ。てなわけで、ビザなしで国境ア

タックはうまくいかないんだな、という事実だけ心に留めておいた。

しかし、ビザを取得したことさえ他の誰も成し遂げていないことなので、どうせなら自分の目で色々確かめた方がいいなと考えた。


その後ウズベキスタンに入国した。ここまで来れば、伝聞ではなく実際にウズベキスタンがどう対応しているか正式な回答が得られるだろう。

この国にあるブハラという古都に来た時、観光ついでに外国人観光客の保護や支援を行う観光警察のオフィスに行った。ブハラ自体は、青の都サマルカンドや、首都タシケントと比べると知名度は落ちるが、そこそこ大きな都市である。

観光警察の中に入っていくと人がおらず受付も存在していないので、仕方なくズカズカ入って行って会議室みたいなところで喋っている人に話しかける。彼は「落とし物でも探しているのかい?」とロシア語で聞いてきた。

ロシア語でも簡単な会話なら問題ないが、国境の開通状況の詳細を聞くには心許ない。英語を話せる人がいないか聞いたら、隣にいた人が応対してくれた。

かくかくしかじか話すと、「まじで言ってる？」と驚いた表情で言われた。ビザの現物を見せると「ほんとやな。これはここではわからないな。国境警備隊に聞いてみないと」とのこと。

「ちょっと待っててね。今から電話してみるから」とありがたい申し出である。そして若い警察官に応接室に通され、待っているとさっきの人が戻ってきた。

ビザがあるなら、ウズベキスタンからアフガニスタンに出国するのは問題ないらしい。だけど反対に、アフガニスタンからウズベキスタンへの入国は認められていないようだ。良いニュースと悪いニュースといった感じであろうか。どうやらアフガニスタンへ陸路で入国はできるが片道切符のようである。

兎にも角にも、これでわざわざアフガニスタンに陸路入国するのにパキスタンかイランに飛んだりする必要がなくなったわけである。

この地からアフガニスタンに入国できることはわかった。ただ、旅行をする時は、できる限り一筆書きで周辺国全てを制覇するようにしており、中央アジアの全ての国を制覇するために、一旦タジキスタンへ向かうことにした。タジキスタンからの入国に失敗したらウズベキスタンに戻ってくればいいわけである。

タジキスタンとアフガニスタンの国境が開いているかわからなかったので、タジキスタンの首都ドゥシャンベにある外務省のオフィスに行ったところ、アフガニスタン大使館に行けと言われた。ここでは国境警備隊との連携がないようである。

言われた通りアフガニスタン大使館に行ってみると稼働していた。閉まっているアフガニスタン大使館が多い中、流石に隣国タジキスタンでは稼働していた。

門番に事情を説明して敷地内に入り、職員らしき人に話しかけて聞いたところ、ビザを持ってるなら何も問題ないよ、とのこと。これで準備は完全に整ったわけである。

隣国タジキスタンで手がかり探し

ここドゥシャンベからアフガニスタン国境までは180㎞ほどである。タリバンが政権を取るまでは、国境まで直で行くマルシュルートカ（旧ソ連圏で一般的な乗り合いバンで、10~15人ほどが乗れる）が存在していたらしいが、制圧以降は行き来が激減しており消滅していた。

首都の住人曰く、南に100㎞ほどにあるクルガンテッパという街までのバスは存在しているとのこと。とりあえずはそこまでバスに乗り、そこからヒッチハイクして国境まで行こうと考えた。

このバスに乗るまでがまた厄介であった。ホテルで現地人に教えてもらったバス乗り場が別の方向に行くバス乗り場で、クルガンテッパ行きだと思ったら間違いだった。また再度正しい目的地を聞くということを三回繰り返してようやく辿り着いた。バスの乗り場がかなりいい加減で、現地人ですら完全に把握できていない。

なんとかバスに乗ることに成功しクルガンテッパへと向かう。料金は30タジキスタンソモニで、日本円で430円ほど。タジキスタンって平均年収８万と聞いていたのに、思ったより物価高いんだよな。日本の感覚からすると安いけど。

街に着き、さらに南に向かうマルシュルートカがないか探すだけ探してみる。バスの運転手曰く、街の南側にバス停が存在してるとの情報。小さな街なのでそこまで2～3㎞ほど歩くことにした。

途中現地人とすれ違って、水をもらったり写真を撮ったりした。近くにママチャリがあり、「日本のだよ」とタジク語で話したら爆笑していた。

南のバス停付近に着くと、確かにバスやらマルシュルートカらしき車体が見える。しかし人の気配がない。悪い予感がした。

案の定、予想は当たり、バス停付近にいた人たち曰く「このバス停は稼働してないよ、タクシーで行くしかないね」とのこと。諦めて幹線道路沿いを歩き出し、ヒッチハイクを試みることにした。

クルガンテッパから南に向かう道は主に一本だけなので、その道路沿いに立ちヒッチハイクを試みたが、なかなか捕まらない。少し諦めかけて炎天下を歩いていると、一台の車が停まってくれた。１時間ほど歩いていたと思ったが５００ｍほどしか進んでいなかった。暑くて色々感覚が狂っていたようである。

アフガニスタン国境まで行きたい旨を伝えると、乗せてくれた人たちも、アフガニスタンへ渡航するための何らかの番号を取得しに、別の町に行くとのことだった。渡航にビザが必要な国でも、近隣諸国だと別の手続きで入れることがあるので、それに近いやり方が存在しているらしかった。

結局、彼らが行こうとしている事務所は、僕が向かう国境検問所の方向とは別の場所にあるようなので、途中でお別れした。

「手続きして俺らも許可得たら一緒に行くのはどうだい？　家泊まっていいからさ」とい

う、ありがたい申し出を受けた。しかし、8月15日のタリバン政権誕生1周年記念のタイミングでアフガニスタンの首都カブール入りしていたかったので、丁重にお断りした。

分岐点にて車を降り別れを告げ、また次の車を探した。何台か捕まったが行き先が違ったりしてダメだった。30分ほど歩いていると、ようやく目的地方向へ行く車を見つけ乗せてもらえた。

その同乗者曰く、向かっている町に各地へ向かう乗合タクシー乗り場があり、それに乗れば国境付近まで辿り着けると教えてくれた。

町に着くと、彼らはタクシー乗り場がある場所まで連れて行ってくれ、僕がアフガニスタン国境まで行きたい旨と値段交渉までしてくれた。とてもありがたかった。

国境に着くと、踏切みたいなゲートがあった。ひっきりなしに中国語が書かれた大型トラックが通過していく。兵士たちはその度に無線で連絡を取りながら手動でゲートを開けている。

中国の一帯一路政策で、新疆《しんきょう》からの陸路貿易ルートの一つとして、タジキスタン経由でアフガニスタンを通過するらしいという噂は本当であった。共和国政権が終わり、タリバン政権になっても交易が途絶えてないのも予想の範囲内ではあるが、実際に目にすると驚きである。

兵士は、トラックの波が一旦落ち着いた時にようやく返事をし、僕がアフガニスタンビザを取得していることを伝えると驚いた表情で「ちょっと待ってくれ、上に確認する」と言った。

無線で会話して上司の回答を待っている間に、別のタジク人がタクシーに乗ってやって来て通過しようとした。僕と同じように一旦車から降ろされて、書類の確認作業に入っていた。

先ほどヒッチハイクした人たちが番号を取得するようなことを言っていたが、確かに日本人の僕が取得したビザとは全然違う入国様式である。

彼の場合、兵士は一通り書類に不備がないことを確認すると、特にそれ以上確認することもなく通過を認め、通り過ぎて行った。

予想通り、謎の日本人観光客である僕の対応は遅い。確認に手間取っているのか20〜30分ほど待たされていた。その間、三台ほど車が通過して行った。

すると、大型トラックの横を一台の乗用車がこちらに向かって走ってくる。アフガニスタン側から来る人がいるのか、と思って見ていたら、検問の横の空き地に停車し、中から軍人が出てきた。そして手招きするとその車両に乗れとのこと。

どうやら、謎外国人の僕は特別対応のようである。出国オフィスまで歩いて行くかと思ったが、これでどうやら辿り着けそうだ。言われるがまま車に乗った。

特に質問されることなく国境検問所に着いた。そこには、さっき通過した車に乗っていたと思われる人たちが溜まっていた。そこまで通過する人が多くないので、ちゃんとした動線があるわけでもなく、いい加減であった。

大きな机の上に荷物を出して手荷物検査するとのこと。隣に中国製のX線検査機器が置いてあったが使っている様子はない。持参した海外規格のケーブルと、その予備などの大量のコードや端末をぶちまけ説明していたが、ある程度見るとしまっていいよ、とのこと。やる気はなさそうだった。

パスポートに出国スタンプを押している間に別の小部屋に呼ばれて、ついて行くと台帳があり、そこに氏名・年齢・性別・出国日・目的などを書け、とのこと。え、そんな地方の博物館とかがやりそうなアナログ記帳するの？

ウズベキスタン方面の国境では、そんな変わった方式を取っているのを聞いたことも見たこともない。スタンプと軽い質問程度である。ここは変わっているなぁ。

無事指示されるがまま終えると、パスポートを返され出国手続きが完了したようである。

ようやく入国！　と思いきや……

タジキスタン側を無事出国して検問所から外に出る。時間を見ると16時を少し過ぎていたところだった。そういやタジキスタン側の出国期限ギリギリだったけど、特に入出国日について確認された様子はなかった。

中央アジアの独裁国家には未だ、滞在期間が一定以上なら「ＯＶＩＲ」という施設に行って滞在場所や滞在期間を登録しなければならないのだ。タジキスタンの場合は10日以上だが、僕の場合10日と数時間ほど経過していたので厳密にいうとアウトであった。だが、全く気にしたそぶりもないし、確認もいい加減であった。

まあ何はともあれ、出国は無事成功したので良しとしよう。タジキスタンからアフガニスタンの間にはパンジ川という川が流れており、両国の検問所間を移動するには橋を渡らなければならない。

ここは徒歩で越えて景色を堪能しようとしたら、タジク人の国境警備隊の兵士に「タクシーに乗れ」となぜか注意されてしまった。距離が短いし是非とも歩いて越えたかったので交渉してみたが無視されてしまった。

渋々タクシーに乗り、アフガニスタン側へと1㎞ほど走ると武者震いがしてくる。ここから先は事前情報のない国である。

あのタリバン政権特有の、白地に黒で書かれたシャハーダ（「アッラーの他に神はなく、ムハンマドはアッラーの使徒」という意味）及びパシュトー語で「アフガニスタン・イスラム首長国」と書かれた旗がたなびいているのが見える。

うぉおおおおおおおおおおおおおお！！！！！

思わず声が出る。これだよ、これ。これを求めてたんや。長きにわたる格闘がようやく実を結んだのだ。喜びもひとしおである。事務手続きも情報収集も大変だったぁ〜〜。

タクシーを降りると、民族衣装にターバンを巻いた、いかにもな格好をしたタリバン兵士が一人怪訝そうに見つめてくるので、ビザを持っていること、入国したい旨を伝えると、建物内についてくるように手招きしてきた。

案内されるままに建物に入ると、これまた伝統服ペロン・トンボンを身に纏ったタリバン兵士たちがワラワラと集まってきた。ただ全員武装しているわけでもなく、自動小銃カラシニコフを担いだ想像通りの戦闘員から、まだ年端もいかないパシュトゥーン人の少年まででいた。全員で10人くらいはいたか。

タリバン兵は一旦僕のパスポートを検分すると、他の男に別の場所へ行くように指示し、僕はその場で待つように言われた。

待っている間暇なので、今こそアフガニスタンビザ取得に成功した時に3日で叩き込んだペルシア語、ダリー語を使う出番である。

アフガニスタンの公用語はダリー語、パシュトー語とされている。しかし、他民族国家であり、話せない人も少なからずいる。アフガニスタンの公用語の一つであるダリー語は、ペルシア語と相違点があるが相互理解可能であり、その相違点もそこまで大きくない。

ビザ取得時に大使館職員に聞いてみたところ、ダリー語はアフガニスタンにおいて8割以上は通じるだろう、という答えが得られた。実際に話してみると、確率論なので全体として8割が理解するというのはその通りであったが、話せない人が固まっていることもよくあった。所得階層や職業に多分に左右されるようである。

ダリー語で自己紹介してみると、今まで怪訝そうだったタリバン戦闘員たちの顔が綻ぶ。「え、君はダリー語が喋れるのかい？？？」「少しだけだよ（笑）」「いや、上手いよ上手い」謎のダリー語を喋る日本人を面白いと思ってもらえたようだった。

その男たちの中の一人が細かい事務手続きの話をしてきたが、ちゃんとした英語で話しかけてきた。タリバンにも英語こんなに話せるやつが存在するのか……。

しばらくすると、使いっ走りにされていた男が帰ってきて、別の場所に行くようにとのこと。また案内されるがままついていく。

タジキスタンを出国した時は検問所に別の家族やタジク人がいたのに、ここで待っている間は一切すれ違うことがなかった。やはり日本人だからなのか、周辺国以外の外国人という括りなのか、扱い方が明らかに別である。

スタスタついて行くと、車両用のアフガニスタン側の検問所があった。がしかし、よくよく見るとマークが共和国時代のものである。天井部分の板は一部崩落したまま放置されている。ビザも共和国時代の仕様そのままだったが、アフガニスタン国内も旗を替えただけでこんな感じなのだろうか。

別のオフィスに着いたら、部屋の中にあるソファに座るように言われた。席で待っていると別のタリバン戦闘員がグリーンティーを持ってきた。アフガニスタンでは「チャイサップ」と呼ばれるもので、日本でいうところの麦茶感覚でよく出てくるし、現地人はガバガバと飲んでいる。イランなどの中東にあるアラブ世界では、紅茶を使ったチャイがよく出されたが、アフガニスタンでは違っていた。他の場所では砂糖が別で出てきたが、この時は普通にただのお茶だった。夏であろうがホットで飲むのが普通だ。

そして事務手続きとして、首都のカブールに問い合わせなければいけないから、その間待ってててね、と言われた。

待っている間周りを見ていると、隣国から来たタジク人と思われる人たちや、アフガニスタン在住で隣国との商売をしていると思われる人たちが多かった。自分のような外国人は見かけなかったので聞いてみたところ、去年のタリバンによるアフガニスタン全土制圧からは初めて見た、とのことだった。

待ち時間が長いので、いつになったら審査が終わるのだろうかと何回も問い合わせたが、「もうちょい待て」と埒が明かない状態。イラクビザやその他めんどくさい入国歴の影響かどうか聞いたが、どうやらそういうわけではなさそうである。まあ、タリバン政権に比べたら、イラクや北キプロス入国スタンプなど可愛いものである。

1～2時間ほどトイレに行ったり、持っていたペルシア語の本を読んだりして暇を潰していたら、ボスと呼ばれていた一番偉い人に呼び止められた。

「今日はもう業務終了だ。明日の朝9時にもう一度来なさい」

はい？？？？？？？　いやそんなこと今さら言われても困るぞ？？？？？？

とりあえず抗議しながら事情を確認する。その日は金曜日であった。金曜日はイスラム教にとってキリスト教の安息日みたいな祝日である。しかし僕は事前にアフガニスタン大使館にて、国境は空いていると確認した上で来ていた。この時点で18時を過ぎていた。

相手の話を聞いていると、この事務所自体は稼働しているが、カブールにあるタリバンの入出国を司る部局からの返信がないらしい。そんなわけで抗議されたところで我々にはどうしようもないとのこと。

大体は中央アジアや発展途上国の役人はいい加減で、逆ギレしても意味がないので、しっかり事情を説明されて納得してしまった。しかし、こちらとしてもすでにタジキスタンを出国し戻ることができない宙ぶらりんな状態なのである。

空路で入国しようとするも拒否されて、何日も空港泊してニュースに載っている人が思い浮かんだ。いやはや困る。

こちらも状況を一から順に丁寧に説明して、タジキスタンを出国した今戻ることは不可能であることを、泣きそうな困った顔をしながら説明した。困った時の泣き落とし作戦である。

タリバンと一つ屋根の下

説得が功を奏し、「君の状況は理解した。だが入国の許可は独断では出せないのでこのオフィスに泊まっていいよ」

ん？？？？？？？　あれ、これアフガニスタンの陸路国境検問所で寝泊まりするレアイベントに出くわしてんの？　いや、まだアフガニスタン入国すらできてないんだけどな。

というか、陸路国境検問所の人たちだってどっかから通ってるだろうし、僕はこのオフィスに寝泊まりすればいいのか、近くの別の建物で寝泊まりするのか気になって聞いてみた。

「いや、俺たちこのオフィスの中で寝てるよ」

これまた驚きの事実である。聞くところによると、彼らは出身がアフガニスタン第二の都市カンダハールだった。タリバンによる全土制圧のタイミングでこの地に派遣されて、そのままオフィスで寝食を共にしながら業務をこなしているとのこと。

あ、僕本当にこの検問所で寝るんだ。しかもタリバン戦闘員と。

とりあえず最悪の事態は回避に成功したようなので、突発的なアクシデントとはいえ面白さの方が優ってしまった。

タリバン兵たちが業務を終えると、日没後に行うお祈り「マグリブ」の時間が始まる。そういや午後のお祈り「アスル」はなんか交互にやっていたなぁと思い出したが、今回は全員揃ってお祈りタイムである。

イスラム教徒は1日に五回礼拝をする。マグリブやアスルの他に、早朝に行う「ファジュル」、正午過ぎに行う「ズフル」、夜に行う「イシャー」がある。

「イスラム教徒か？」と聞かれ、違うと答えたら隣の部屋に通され、そこで待ってるように言われた。扉は開けっぱなしであったので礼拝の様子を見ることができた。

お祈りする際には、このオフィスの官僚的な序列とは別に章句を詠唱する人が一人、前に立っていた。彼が先に唱えた後、他の人たちも繰り返していた。この詠唱する人の読み上げ方は極めて詩的で綺麗であった。

礼拝が終わるとご飯の時間である。何か食べたいものがあるのか聞いてくれた。この国境の、周りに何もない場所でご飯の確保をどうしたものか悩み、最悪丸一日絶食を覚悟していたのでありがたい申し出である。

「米と肉が食べたいなぁ」

こういう時は図々しい僕である。中央アジアからペルシア、南アジアの交錯地帯であるアフガニスタンの料理を食べてみたいという気持ちもあった。「よし、わかった」と、タリバン職員の一人が別のやつに指示すると、そいつはどこかへと消えた。

同時に別の人間は銃を抱えて外に行った。どうやらパトロールのようである。持っているのは昨年米軍やアフガニスタン共和国軍から鹵獲《ろかく》したと思われるM４カービンである。これだけだったら西側陣営の軍隊でもよく見かけるが、最新式の光学機器付きである。ＡＣＯＧスコープが１５００ドル、ＡＮ／ＰＥＱレーザーサイトが１２６５ドルするので、本体価格も合わせると一丁で50万円ぐらいする。ＡＫ‐47のコピーの安物だと30ドルぐらいで手に入ってしまうので値段が１００倍ぐらいする。

いやそれにしてもいい銃持ってんな。今まで60強の国を回ってきたけど、ここまでフル装備の銃を持ってるのはなかなかない。タジキスタンとは特に国境争いしていないし、オーバースペック感が半端ない。

他には、使い込まれたAK－47が一丁と、これまた鹵獲したと思われる米製拳銃があった。

トイレに行こうとした時には、炊事場で別のタリバン職員が釜で米を炊いている。どうやら本当に全員が国境警備や入出国の手続きをしながら、このオフィスで共同生活を送っているようである。

手持ち無沙汰で何もしないのも気持ちが悪いので、手伝いを申し出ると断られた。突発的なアクシデントにより、この検問所で一晩を過ごすことになったわけだが客人待遇である。職員の友達の一人もここで一夜を明かすようで、彼が「大丈夫だから座って待ってればいいよ」とのこと。目的は知らないが、友達だと国境検問所に泊まれるのか。

ありがたいと思いながら、彼のiPhoneが12 Proとなかなかいいスマホなのが気になってしまった。アフガニスタンの統計上の一人当たりのGDPは500ドルちょっとである。(1)平均からして2～3年分の年収相当のiPhoneは、この国からしたら超高級品である。

これは入国する前に僕も気になっていた。僕のiPhoneは12 Pro Maxである。それに加

(1) 2020年頃までの値に準ずる。

えてMacBook ProとAirが一台ずつ、GoProやらその他の電子機器を合わせると、この国の人たちの年収10年分を超えてしまう。

まあ、パソコンとかは荷物の中に隠しておけば目立たないし、普段はホテルのロッカー等に入れておけば問題ないだろうと考えてた。だがどうやら、アフガニスタンの人でも商人をやって儲けていると、こうやってiPhoneの最近のモデルを持っていることを確認した。

タリバンからの歓待

そうこうしている間にご飯ができあがったようである。お花見をする時に敷くブルーシートのように、床にクロスを敷き始めた。そこに大皿に盛られたピラフや袋詰めの大量のパン、さらに盛られた野菜や唐辛子、飲み物が運ばれてくる。

アフガニスタンでは米もパンもよく食べる。体感ではパンが6割、米4割といったところであろうか。ナンもよく出てきた。ケバブ串を頼むと、付け合わせのパンにピラフがついてくる。両方完食すれば大食いオタクでもかなり満足できる量だと思う。僕もかなりの大食漢なのでありがたかった。

床に座って各自取り皿にピラフを取り分け始めた。米いっぱい食べられれば満足と思っていたらパンも一枚くれた。

ここで危うく「いただきます」と合掌しかける途中で思い出し、咳をするフリして誤魔化した。海外でもいただきますの精神を忘れないようには心がけているが、ここにいるのは如何せんイスラムの偶像崇拝禁止に反しているというだけでバーミヤンの遺跡を爆破した連中である。感覚を掴むまでは、仏教徒と取られかねないような振る舞いは避けねばなるまい。

いただきますの代わりに唱えるのは他のイスラム諸国と同じ「ビスミッラー（神の御名に於いて）」かと聞いたらどうやらそのようだ。ここは、パシュトゥーン人だろうがペルシア語圏だろうがアラブイスラム圏と同じようである。

皆が手で食べ始めたので、倣って自分も久しぶりに手で食べたが、米が炊き立てでかなり熱く火傷しかけた。手で食べるのはイラクに訪れた2021年11月以来である。やり方自体は知っているが、普段から手で食べてる人たちと比べると手の皮が薄いし熱すぎてとても食べられたものじゃなかった。すると、タリバン戦闘員の一人が気を利かせてスプーンを持ってきてくれた。

ピラフを食べながらお茶を飲もうとした時、突如「それやめた方がいいよ」と注意を受けた。一瞬何が起こったのかわからなかったが、どうやら右手で食べながら左手でコップを取ってお茶を飲もうとしたのが良くなかったらしい。

イスラム教やヒンドゥー教では、用便を足す時の洗浄に左手を使うため、左手は不浄なものと考えられている。飲み物を飲む時や、礼拝の作法順序の時に右手が優先されるというのは心得ていたつもりであった。

今まで、非ムスリムの僕が注意を受けたことはなかったので少し驚いた。普段イスラム教徒と接する時に、チャイを飲む際は確かに気をつけているが、ご飯を食べている最中やシーシャのホースを持っている時みたいに、右手が塞がった状態だとそこまで厳密ではないと考えていた。なので、そこまで気になるのか、と思った。「郷に入っては郷に従え」であるのですぐ間違いを詫び訂正した。「あ、これはかなり厳密に行動した方が良さそうだな」というのを理解した。

ご飯自体はかなり美味しい。僕は米のメシ人間で、海外生活も1年と9ヶ月であるが米と肉さえ食べられればどこでも生きていける人間である。この肉の脂身の旨みが効いたピラフは、ここ中央アジアから南アジアにかけてのご飯の中で、個人的に主食として位置付けていた。

タリバン戦闘員たちは「パンに挟んで肉を食べないか？」とか「ヨーグルトと米を混ぜると美味しいぞ」とお勧めしてきた。

日本でヨーグルトはデザート感覚で食べるが、アフガニスタンでは食事としてもよく食べる。ピラフなどにかけることも普通だ。日本でもよく見かけるサラサラ系が普通で、味はプレーンだ。

このように、ヨーグルトは食事と共に出されることが多かったが、単体で砂糖を少し入れて食べたいので、お茶と共に出される砂糖を投入して食べていた。

個人的には、肉と唐辛子を齧《かじ》りながら米を頬張れば幸せなので、勧められる食べ方を一通りこなしながら、あとは自分の食べたいように食べていた。

最初に山盛りの米が皿に盛られたが、美味くて平らげたら「いい食べっぷりだね〜」と皿にもう一回山盛りの米が来た。感無量である。海外で腹一杯肉と米が食えれば僕は大満足だ。

結局三杯食べたが、米もパンもだいぶ余っていた。余ったパンはもう一度袋にしまっていたが、ピラフの方はそのまま他の残った残飯とごっちゃにして生ゴミ行きのようであった。

アフガニスタンという日本から見たら貧困国の象徴みたいな場所でも、残す人はがっつり残すのである。野菜や肉等は割と完食できる量を作るが、タイ米やパンの扱いはこんな感じであった。

イラクでも結構がっつり残していたので、米だとみんな大量に作って結構残すよな〜。なんなら米に関しては、日本人は基本的に「最後の一粒まで完食するのが美徳」と考えるので、こういう光景はなんとも言えない気持ちになる。流石に三合食べた後に追加で三合は食べれないので、泣く泣くさようならである。アルハンドリッラー（アッラーに栄光あれ。「ごちそうさま」として使う）。

片付けをしながら、一服ということでグリーンティーをいただく。あとは、柘榴《ざくろ》の謎の炭酸ジュースをもらった。

今晩の寝る場所は、座布団を寝床として使わせてもらえるようであった。他の部屋にベッドが二台あった。また、その脇には客人用なのか敷布団が何枚も積み上がっていた。あと、クーラー直下で寝てる時の気温が低く、毛布が欲しいなと考えていたら、これまた用意されていた。国境検問所というオフィスだが、タリバン外務省の役人の友達という人も一人泊まっているし、客人を泊める前提で寝具が揃っているのがなんとも興味深かった。

さて国境検問所の事務所で一晩を過ごすことが決定して、暇を持て余すだろうと気を遣ってくれたのか、そこのボスが「Wi-Fiあるからパスワード教えてあげよう」と言ってくれた。

パスワード自体が一回どっかに紛失したようで確認作業に少々手間取ったが、小一時間ほどでアクセスすることができ、入国することを伝えていた極々少数の友人に安否報告のLINEを送った。

これには少々事情がある。この一年前に私がイラクに渡航しようとした際、Twitter上で堂々と渡航する旨を発言していたら、直前に外務省により中止勧告を受け、実家の住所を特定された上に数十回電話がかかってきて面倒だったのだ。それを踏まえて、それ以降は遺書を残した上で、ごく一部の数人の友人にのみ伝えてから、アフガニスタンやシリアといった国に入国するようにしている。

アフガニスタンのインターネット事情

この外務省内のネット回線が色々面白かった。タリバンの政府の報道官が一部のサイトのブロッキングを表明するなどしていたが、この外務省のWi-Fiだと、なんとイスラム教ではポルノはタブーとされているにもかかわらず、海外の大手エロサイトに何も問題なくアクセスすることができた。

後日SIMカードを買って携帯回線で色々試すと、VPNなしには複数のエロサイトにアクセスできなかったが、タリバンの政府内のネット回線に関しては特に規制がなかった。タリバン戦闘員はエロサイトを見れる特権階級というわけである。

そして、1日の最後に五回目のお祈り「イシャー」である。お祈りの部屋に僕の布団があったので、また別室に行きお茶を飲んだりトイレに行ったりしながらやり過ごした。

あれ、これよく考えたらこの人たち、仕事の時間以外は礼拝の時間かなり正確にお祈りしてないか？　慌てて翌朝の日の出の時間を調べると5時10分である。

早朝夜明けの礼拝の「ファジュル」は、夜が白み始めてから日の出前までに行うものである。イスラム教のお祈りは具体的に何時に行うかは決められておらず、太陽の位置で決められているので、地域や季節によって異なっている。つまり夏だと、早い時は日の出時間のさらに前の朝4時台に行うこともある。すでに日を跨いでいたので、4時間半後には叩き起こされることが確定した。いやこれ、毎日礼拝するの偉すぎやろ。めちゃ真面目やん。

睡眠時間はその時の体調にもよるが、基本的に7~8時間は寝ないと頭が回らないタイプの人間なので、ちょっと面倒に感じた。僕には短時間睡眠の才能がないんだよな。しのごの言っても睡眠時間が失われるだけなので、集中して床について爆睡した。冷房がキンキンに効いている中で毛布にくるまっていたら、すぐに快眠できた。

プルルル……プルルル……プルルル……。

あーまじうるさいな、目覚まし鳴らすならすぐ起きんかい！！！　寝ぼけながら時計を見ると朝の4時半を少しばかりすぎた頃である。

どうやら4時半過ぎに起き、朝のお祈りをするらしい。

寝ぼけ眼でスマホをいじっていたら、そこにいたパシュトゥーン人全員が部屋にゾロゾロと集まってきた。どいた方がいいのかなと思って様子を伺ったが、彼らも眠そうで、会話するのも憚《はばか》られたので、可能な限り部屋の隅に寄って布団にくるまっていた。

お祈りの時だけはみんな背筋をピンと伸ばして、一心不乱に神への祈りを捧げる。目覚ましの音ですぐ起きなかった彼も、このオフィス内のタリバンの宗教的役割を厳かに果たしていた。こういった光景を見ると、非常に宗教的だな、としみじみと思った。

ファジュルが終わると皆布団に戻っていき、5分もするといびきが聞こえてきた。明け方前にお祈りをしているが、その後普通に二度寝していたのであった。そりゃそうだよな。毎日4時間半睡眠でいける人ってそんなに多くないよ……。

というわけでありがたく二度寝した。おやすみご機嫌よう。

入国リベンジ！

二度目の目覚めは、鼻を通り抜けるいい香りと共にやってきた。朝ご飯の時間である。これまた客人待遇で手伝うこともなく、ギリギリまで寝てていいよ、というありがたい申し出を受け入れ優雅な起床である。とても、タジキスタンとアフガニスタンの陸路国境の間で宙ぶらりんになった人の生活ではない。なんだ、これ。

少しずつ皿が出てくるので撮影タイミングを逃したが、ピラフと野菜と卵入りトマトスープだ。

朝からピラフが出てきてご機嫌である。そして卵入りトマトスープもパンに浸して食べるととても美味しくて、入国失敗したとはいえ割といい体験できてるのでは？　とポジティブな気持ちであった。

ご飯を食べ終え片付け終わると、皆慌ただしくなる。時刻を見ると9時ちょっと前である。敷かれた布団の片付けなどをしていると、タジキスタンから入国する人たちがポツポツ現れ始めた。早朝一番に来ると生活感が垣間見れるらしい。

ボスも席に着き、書類の審査をし始める。僕もソファに座って暇潰しにペルシア語の勉強を始めた。人が一瞬途絶えたタイミングで、どの程度の時間待てば入国できるのか聞いたところ、政府の本庁の返答次第だからわからない、とのこと。あ、これ長くなるやつや。

待ち時間の間、勉強やらネットサーフィンをするフリをしながら業務を観察していると、結構な数の人が通過していた。あれほど難しかったビザ取得はなんだったのか。やはり隣国との往来は、国交断絶とまで行かないとどんな時でもオープンである。4時間ほどで100人程度は通過した。

面白かったのが書類である。前の章で、ビザのフォーマットが共和国時代のものと全く変わっていないと述べたが、現地人が提出した入国申請の書類は「アフガニスタン・イスラム首長国」となっていた。ここだけは変更する余裕があったらしい。

タジキスタン側の国境で、中国語の書かれた大型トラックが大量に通過していたが、中国人にお目にかかることは一度もなかった。運転手がアフガン人なのかタジク人なのか、それとも車の中で入出国審査が終わるだけなのかわからない。

しばらくすると、タジク人通訳者を連れたロシア人が来た。

え、本当にロシア人ってアフガニスタンに来てるんか。ロシア語とタジク語を聞いている限りだと、アフガニスタンとの貿易をしたいので色々視察したい、とのこと。

この場合は、僕と同じように大使館でビジネスビザを申請した上で来たのか気になったが、残念ながらパスポートは見えなかった。しかし、他の現地人はパスポートなしの申請書類で通過していたので、パスポートを使用したパターンだと僕と同じであろう。

彼らも必要書類を提出すると、別枠らしく僕と一緒に待たされることになった。タリバンのボスはまた電話をかけて照会し始めた。


その後も通過していく人を眺めながら、いつになったら終わるのかな、これ、と思いながら待っていたら、最終的に13時を超えていた。お腹が空いたなぁと思っていたら、突如、身支度しなさいとのこと。ようやく終わりか。

暇でガブガブ緑茶を飲みまくっていたので、荷物をまとめるよりトイレの方が大事である。この先どのような流れなのか読めなかったので、トイレに駆け込んだ。

支度を終えると、初日に一度寄った建物の方向に向かうらしい。

別の建物に着くと、一応手荷物検査がある。タジキスタン国境にはあったX線検査などがなかった。ここにはまだ一帯一路の影響は届いていないようである。いつも通り大量の電子機器を出すと、これはなんだとの問答を繰り返すが、あっさり終わった。中身の検閲はしないんだ。念のためエロ動画とかは隠しフォルダに入れておいたが、あっけなかった。

次に窓口みたいなところに連れて行かれると、彼が持っていた僕のパスポートを別の係員に渡した。そしてようやく手に入れた。念願のアフガニスタン入国スタンプである。

よっしゃあああああああああああ！！！！！！！

アフガニスタン入国前は少し緊張していたが、待たされた時間が1日近くもあって、喜びもひとしおである。

長年待ち侘びたアフガニスタンへの入国が正式に叶った瞬間であった。

入国が完了するとタリバン兵士が手招きして、だだっぴろい空き地に通される。そこには先ほど入国した人たちが待機していた。

CHAPTER 3 Three

いきなり難易度高すぎる街
クンドゥーズ

連れてこられたのはタリバン外務省

ちょうど昼を過ぎたところで、この日も気温は38℃ほどあり、かなり暑い。カザフスタンで気温43℃の砂漠地帯を通過し、ある程度の暑さには慣れていたが、どの程度待たされるかが全く読めない。時間がかかるなら、さっきの冷房の効いた部屋で待ちたいなと思った。

手持ち無沙汰なので、一応ドルを現地の通貨のアフガニに替えようとした。交換レートは悪いだろうが、この先どうやってクンドゥーズの街まで行くのかわからないからである。周りにはどう見ても公共交通手段らしきものはなく、多分タクシーに乗るであろうから現金が必要だと考えた。バラックのような建物の下で、小さな宝石用ガラスケースが置いてある店で両替することになった。

アフガニスタンでは、2021年11月2日から外貨の使用が禁止されている。実際、僕が旅行している期間もほぼ全ての場所においてアフガニの使用が徹底されており、この後泊まることになるカブールのインターコンチネンタルホテルぐらいしか米ドルが使えなかった。

交換レートは100ドル札で8800アフガニであった。信用のない悪貨の闇レートにしては、思ったより悪くない数字である。事前に調べたレートだと、1ドル＝90アフガニ程度だったので安心した。やはり途上国は、反米国家であろうと米ドルの信頼は厚い。

目の前に一応売店の体をとっている店があったので、そこでジュースを買った。お釣りをもらおうとしたが一缶が20円ほどで、さっき両替した紙幣で支払ったらお釣りがないと言われた。というわけで、お釣りの代わりに追加でジュースを三本もらった。やる気なさすぎかと思ったが、よく考えたら商才があった。

そこで待たされていたのは、先ほどオフィスで会ったロシア人とその通訳のタジク人、人道支援をしているというタジク人の女医と、あと一人。このタジク人女医の方と喋ったのだが、タリバン制圧以後もこうして10回ほどは来て、長年の紛争被害に遭った人たちの支援をしているらしい。彼女の場合は、他の人と違ってビザを取得しており、パスポート内がアフガニスタンのビザだらけだった。人道支援職員はかなり逃げたと聞いていたが、実際は残っている人がいるようであった。タリバンはアフガニスタンを全土掌握しているが、他にも武装勢力があって対立している。そのため、まだテロがなくなったわけではない。ただし、タリバンとアメリカが対立していた時よりは激減しているため、人道支援が続けられているのかもしれない。

結局40分ほど待っていたら、タリバン兵がようやくもう一人を連れてきた。だがその人と女医の方は別の車だった。僕とロシア人たちは別枠で一台のタクシーに押し込められた。これ待つ必要あったのか？

タリバン戦闘員の一人も助手席に乗り込んでくる。いや、まじか。兎にも角にも入国はできたし良しとするか。

タクシーが進み出す。少しばかり進むと検問らしき場所があったが、特に質問されることもなくあっさり通過する。途中で小さな村を通過すると、あとは30㎞の砂漠地帯である。そこにも検問はなかった。検問所でだいぶ引き止められた割に、ここら辺はかなりゆるゆるなんだな。

荒涼とした砂漠の中の一本道をひたすらに爆走かと思ったが、そうでもない。道路に定期的に穴があって補修されていないし、道路の境界も砂漠の砂に埋もれて曖昧である。砂漠も草木が全然生えておらず、カザフスタンやキルギスのステップ草原地帯から来ると、だいぶ南下したことを実感する。

見渡す限りの砂漠の中に、道路と並行して立派な送電塔がタジキスタン側からクンドゥーズ市の方向へと走っている。タジキスタンの変圧設備も中国の支援で作られていたが、アフガニスタンの経済規模からして似つかわしくないこの立派なインフラは、確実に一帯一路の影響だろうと推定できた。

気温が高く上昇気流が発生し、至るところで大きめの旋風が観測でき、何もない砂漠の光景にわずかばかり彩りを与えていた。

1時間ほど車を走らせると、ようやく街が見えてくる。砂漠の中に突如現れる緑色と建物は、オアシスを彷彿させた。街は明らかに、中央アジアの都市とは様子が違っている。アーケード街のような低層階の建物と、その前には屋台があり、道路には大量のリキシャが走っている。三輪タクシーのことを、アフガニスタンではトゥクトゥクではなく、リキシャと呼ぶらしい。街中の様子は中央アジアやアラブ、ペルシア圏というより、南アジアの雰囲気に近いように思われた。

街の中心部まで車が差し掛かった時、商人のロシア人が「SIMカードが欲しい」というので、露店商みたいなところに寄って聞いたが、買えなかった。4~5店舗をタリバン兵士が自ら聞いて回ったが、置いておらず買えなかった。結局この場では手に入らず後回しになった。

市内に着いたし、自由に行動したかったので、降りていいか聞いてみた。が、どうやらまだ手続きがあるらしく、そのままタクシーで5分ほど進んだ。車から降ろされると、そこはタリバン外務省クンドゥーズ州庁舎であった。鉄の塀で囲まれた監視塔付きの建物である。鉄の錆具合からして、かなり年季が入っていた。これは元々、共和国政府の庁舎であったのだろう。警備が物々しかった。

タクシー代500アフガニを払い終えると、重い扉が開く。そのまま庁舎へと上がり、簡易椅子の上で待つことになった。しばらくすると別の案内人が手招きして、階段を上がるように言う。ついて行くと、応接室のような場所へと通された。部屋は立派なつくりであった。「共和国政府はアメリカ政府から多額の支援を受け、かなりいい暮らしをしていた」みたいなことを、タリバンが政府軍施設を制圧している際に暴露していたが、どうやらそのようである。部屋の中には、立派な髭を蓄えたタリバンのお偉いさんと思しき人たちがいたので、握手を交わす。そこで、ダリー語を使って挨拶と自己紹介をすると大喜びだった。ここに観光で来た旨や、タジキスタンのドゥシャンベからの経路を話していると、遠路はるばるこの国へようこそ、と熱烈歓待である。その中には3人ほど流暢な英語が話せる人がおり「英語は話せるか？」と聞かれたので英語で応答したら、そこからは英語となった。

それにしても、タリバンにも英語がペラペラな人がいるのだな。共和国側の兵士や政府職員が英語をできるなら理解できるが、20年間戦争していた敵国の言葉のはずである。その割にはきっちり教育を受けた、澱《よど》みない英語を話せる人がいた。

手続きはめんどくさいが、これはコネを手に入れるボーナスタイムである。日本のことをあれこれ聞かれた。聞いている感じだと、日本人というより外国人の大半を見たことがない様子であった。

流石に外務省と銘打っているので、周辺国民である外国人は知っていたが、それ以外は日本人も含めてやはり一度も見たことがない様子。色々聞かれる中、「侍という者は本当に存在するのか」と聞かれた。「侍は150年前だけど、今でも剣道という形で残っているし、侍スピリッツで割腹自決する人はいる。日本版ジハードだよ」と答えたら拍手喝采であった。

「元々剣道部で、僕は日本の侍の生き残りだ」みたいな軽いおべんちゃらを言って剣を振る真似をすると、実際に見せてほしいと要望してきた。「手頃な箒か鉄パイプがあればモノマネできるが」と、ないものとたかを括って答えたら、下っ端に探させるように命じた。あ、やるか、これ。

言い出したからには仕方ない。しばらくゴソゴソ倉庫を漁っていたかと思うと、ちょうど３尺弱の鉄パイプを持ってきた。ここまできてやらなかったら名折れである。日本刀に見立てて型をやり、腹から思いっきり掛け声を出す。やあああ！！！

声は相当でかい方なので、普通に外でも良く聞こえただろう。部屋で携帯をいじっていた人もビクッとして呆気に取られている。話を振ってきた人は大爆笑していた。

我々日本人は１５０年前、欧米人が侵略しようとしてきた時に、こうやって敵を叩き切ってきたから、欧米列強の植民地にならずに済んだんだ。タリバンと同じじゃや。そう言うと拍手喝采であった。どうやら掴みは百点満点のようだ。

タリバンによるトータルコーディネート

場も和み、今後どうするのかを聞かれた。まず最初に服を手に入れようと考えている、と答えた。アフガニスタンの現地人の大半が伝統的な民族衣装を着ており、普通のTシャツとジーパンの格好だと浮いてしまうからである。ここまで現地人が民族衣装を着ている割合の高い国もなかなか見当たらない。

タリバン外務省職員たちも口々に、そうした方がいいねと頷いた。

この伝統的な服は「ペロン・トンボン」と呼ばれる。ペロンが七分丈のシャツ型チュニックで、トンボンがゆったりとしたズボンを指している。この上下セットが基本で、人によってはスカーフを巻いたり、帽子を被ったり、ジャケットを羽織ったりする。

アラブの国では、サウジアラビアぐらいまで行くと、石油王を想起する格好を多くがしているが、それでもTシャツ&ジーパンのラフな格好の青年もまだ見受けられる。ただアフガニスタンだと、首都以外の都市では全員が民族衣装を着ている。

当初の予定では、パキスタンから陸路でアフガニスタンに入国するつもりであったので、パキスタンで手に入れる計画であった。最初にパキスタンのワジリスタン地域にパシュトゥーン人エリアがあるので、アフガニスタン人と同じ格好を準備することができるのだ。だがその後の旅程変更でタジキスタンから入国することになったので、アフガニスタン入国後一番初めに訪れるクンドゥーズの街で、衣装を手に入れなければならなかった。

その話をすると、この外務省のオフィスにいたタリバンの一人に「中心部にある布屋まで一緒に行って見繕ってやるよ」と言われた。そろそろ一人で観光したいので丁重にお断りしようとしたが、どうしてもということで一緒に行かざるを得なくなった。

タリバンオフィスでの話が一通り終わると、そのうちの一人が選ばれ案内してくれるようであった。オフィスを出て、目の前の道路でリキシャを捕まえようとする。なかなか捕まらず待っていると、監視塔のタリバン戦闘員が笑っていた。5分ほど待っても捕まらなかった。目的地に向かって歩きながら、途中で来たらそれに乗ろう、ということで歩き始めた。

正直言って、初めて訪れる場所は、雰囲気を掴んだり楽しむために自分の足で歩くようにしているが、発展途上国あるあるのタクシーをガンガン使う感じだったので、おとなしく乗ることにした。

少し歩いたところで、ちょうど目の前の住宅で乗客が降りた空き車両があった。無事捕まえ、街の中心部まで向かうことができた。案内されて入ったのは布屋であった。既製品を買うかと思っていたが、布から選び仕立ててもらうようである。布屋にはいろんな色が取り揃えてあり、その中から好きな色や柄を選ぶようになっている。個人的に、一着は確実に現地人が着ている伝統的な装飾がいいな、と考えていたので、その旨を伝えたとこ

ろ「全部が伝統的である」と言われてしまった。

布地を選んでいるとグリーンティーが出てくる。お茶を飲んでいると、現地の子供たちがワラワラ集まってきて金を乞食してきた。タリバンの彼は一喝して全員追い返した。

色を選び終えると、次は採寸である。布を選んでる間に、仕立て屋がいつの間にか来て待機していた。素晴らしい連携プレイである。わざわざ僕が仕立て屋に出向く手間が省けた。肩幅から腕の長さ、座高や足の長さを測っていた。

採寸が終わると精算である。アフガニスタンとはいえ、オーダーメイドだし7000～8000円ぐらいはするかと思ったら、全て込み込みで2300アフガニであった。大体100アフガニが150円弱なので（旅行当時）、日本円で3000円強ぐらいである。めちゃくちゃ安くてびっくりした。人件費ほとんどないだろ、これ。

内訳としては、布代が二着分で800×2の1600アフガニ、仕立て屋の分が700アフガニである。隣にタリバン外務省職員がいたので、これが実際の値段なのだろう。想像の半分ぐらいであった。

二着仕立てて、工賃が１０００円ちょっとは流石である。平均年収５００ドル程度といわれるのは本当だろうな。経費抜いたらどれだけ手元に残るんだ、これ……。

受け取りは、その日の18〜19時程度になりそうであった。ホテルを取った後に住所を教えてくれれば、そこまで持ってきてくれるという。これはありがたい申し出であったので、そこにいた青年と彼個人のインスタを交換する。あ、アフガニスタンってインスタ普通にOKなのか。引き渡しよりそっちの方が気になってしまった。確かに国境検問所にいたタリバン戦闘員は皆スマホを持っていたし、インスタもWhatsAppもYouTubeもやっていたけど。

とりあえずこれで上下の服は確保したわけである。「次はサンダルとスカーフだね」とタリバン外務省の彼は言った。クンドゥーズに入った時に目にしたバザールの中で、それらは手に入るらしい。

まずはサンダルを用意することにした。僕はアルトラというブランドの、いいトレイルランニング用シューズを履いていて、正直サンダルに関しては、あんまり目立つものでもないし買わなくてもいいかな、と思っていた。しかし彼は、暑いし買った方がいいと言うし、「郷に入ったら郷に従え」ってのがポリシーなのでおとなしく従うことにした。

バザールは道一本中に入ったすぐ近くなので、その足で向かっていく。道路を歩いていると人々の視線が一斉にこっちを向いてくる。明らかに浮いている。そもそも外国人が全くいないし、服装も僕だけ違ってるわけだ。目立たないわけがない。タリバンの彼がリキシャを使おうと言ったのも納得だ。

イラクを旅行した時も同じような状況に遭い、現地人30～40人が群がってきちゃうことはあった。だが、その時はまだ服装は現地人と同じだったからなんとかなっていた。これは中々すごいぞ、とワクワクが止まらなくなっていた。

バザールを歩いていくと、うじゃうじゃと暇を持て余した子供たちがついてくる。タリバンの彼が定期的に追い払うが、次から次へと現れるので常に金魚の糞が5〜6人いる状態であった。バザール内にはいくつも同じような店があったが、タリバンの彼はそのうちの一つへと入っていった。

靴屋では、サンダルが壁に所狭しとかけられている。話を聞いていると、鼻緒があるタイプのいわゆるトングサンダルと、シンプルなミュールサンダルである。あとはデザインやブランドで値段が違ったが、どう見ても中華製のサンダルだった。説明を話半分に聞きながら、二〜三足試着してみて一番履き心地の良いものにした。こんなの全部一緒やろ。

値段は800アフガニだった。サイズによる値段の差異はなかった。日本円で1200円と、思ったより高かったので、こういった輸入品はアフガニスタンの中でも高いのだろうと思われた。

支払いを終えて向かうのはスカーフ屋である。個人的には、こっちの方が優先度が高かった。アフガニスタンには、ハザーラ人というモンゴル系の日本人の顔とそっくりの民族がいる。民族衣装を着てこのスカーフで髪を隠せば、この現地人のハザーラ人に擬態できるわけだ。

アフガニスタンはシルクロードが通っており、歴史的に多くの民族が流入してきた。イラン系のパシュトゥーン人とタジク人、モンゴル系のハザーラ人、トルコ系のウズベク人などが住んでいる。一番多いのはパシュトゥーン人で、タリバンの構成員の大半がパシュトゥーン人だ。ハザーラ人はアフガニスタンで三番目に多い民族だが、イスラム教の宗派の違いから差別されている。タリバンはスンニ派の過激派であり、ハザーラ人の多くはシーア派を信仰する。ハザーラ人はタリバンから差別を受け、２０２１年にも虐殺が報告されている。旅をしている時に会ったハザーラ人は、しばしばタリバンの悪口を言っていた。

とはいえ、スカーフをしていたら現地人に見られるので、検問をくぐるには被差別民族でもなりきった方が良いと思う。

スカーフ屋さんはバザールの端っこにあるらしい。アフガニスタンのようにショッピングする場所がバザールしかない国だと、日本を含む先進国と違って一箇所で買い物が終わらない。ショッピングモールの服屋一軒で終わらず、布屋からサンダル屋、スカーフ屋、帽子屋等々、細分化された個人商店が中心である。感覚としては江戸時代の行商人みたいなものか。

バザールを突っ切っていくと突如道路の真ん中に横たわる人がいた。よく見ると右足がなかった。どうやら地雷で足が吹っ飛んだおじいさんの物乞いのようである。世界の不発弾事故死者ランキングで不動の1位のアフガニスタンである。直近20年では、他の国を多く引き離して3万人弱が亡くなっている。

この人も多分、対人地雷の不発弾を踏んで右足が吹っ飛んでしまい、物乞いせざるを得なくなったのだろう。アフガニスタンの実情を垣間見た。

バザールの中には、中国の五星紅旗をあしらった屋台やパラソルがちらほらあり、ここアフガニスタンでも一帯一路の影響をひしひしと感じた。外務省の彼に「中国人はいるのか」と聞いたところ、作業員として集団で来てはいるものの、離れたところにいるからあまり街中にはいないとのこと。

ここも他の国と似ていた。彼ら中国人の作業員は、旅してきたユーラシア大陸の国々のどこにでもいたが、来ている割には街中では見かけないのだ。数十人から数百人単位で来ても、どこかに鮨詰めにされて作業しているのか出てこない。

そんなこんなで歩いているとスカーフ屋に着いた。小物だけあって、こじんまりとした店舗だったが品揃えは豊富だった。色も柄もおとなしめから割と派手な色もあり、ここでファッションの差別化をするのだろうかと思った。

あくまでメインは現地人に擬態するのが目的なので、無難そうな柄を選んだ。サイズは二種類あったが、大きい方が髪全体を覆い隠せそうなのでそちらを選んだ。値段は150アフガニだった。200円???

これまた安かった。

これにて、基本的なアフガニスタンの現地人の服装が手に入ったので、あとは仕立てを待つだけである。「次は何したい?」と外務省の彼が聞いてきたので、SIMカードが欲しい旨を伝えた。

彼は近くにあったガジェット屋でＳＩＭカードを売ってるか聞いたが、取り扱ってはいないようであった。最初市内に入った時もそんな感じだったので、ここでは屋台でＳＩＭカードは買えないらしい。

どうやら政府の規制で、ちゃんとしたキャリアのショップに行かないと買えない方針になっているようである。いや、タリバン外務省のやつも知らないのかよ。身内ですらわかってないのには笑ってしまった。


そんなわけで、キャリアショップであるアフガンワイヤレスの店舗に向かった。そしたらもう受付時間を過ぎており閉まっていた。まじか、一晩ネットがないのは厳しいなと思ったら、タリバンの彼が交渉を始めてくれて、特別待遇で受け付けるとのことであった。ここにてタリバンの後ろ盾の強さを実感した。

現地人の列をすっ飛ばし、優先的に契約をさせてもらう。持つべきはタリバンの友達であった。

契約手順は、身分証を提示し写真を撮られ、あとは容量などのプランを選択していくかたちであった。

ぼったくりアフガンSIM

アフガニスタンのSIMカードを手に入れた。18・5GBで1350アフガニだ。内訳として、データ自体が1100アフガニ、よくわからない謎の税金150アフガニ、SIMカード代100アフガニである。日本円で約2000円程度だ。

アフガニスタンの経済状況からして、これはかなり高い。月々2000円を通年で払ったら2・4万円である。一人当たりのGDPが年間5・5万円なので、これを払える層がどれだけいるのか皆目検討がつかなかった。

街中を歩いていたり、その後旅行していても、スマホ所有率は2〜3割程度とあり得ない低さであったので、インフラが未完成なのか。今時どこの発展途上国や辺境国家に行っても、スマホは持っているものだと思っていた。

電波状況であるが、品質はかなり悪かった。経済が発展しているかどうかと、ネット回線が速いかどうかはあまり関係がなく、欧米の回線はゴミだし、湾岸諸国で油田のある国だと田舎に行ってもしっかりネットが使えた。なので、アフガニスタンも貧困国であるが、値段はそこそこしたので品質に少し期待したが、全然だった。

街の中心部であっても、ホテルの室内に入ると電波が1~2本しか立っておらず、かなり回線速度が遅い。郊外に出てもまた同様である。都市間の田舎道だと圏外になる。一番速いと現地人のお墨付きの回線でこんな状況なので、ネットインフラは脆弱であった。

文句はあれど、兎にも角にもネット環境を手に入れたので満足である。次は寝床の確保であったが、これまたタリバン外務省の方で「政府系列のホテルを紹介するから、そこに泊まりなさい」とのことだった。

ホテルまでの帰りは1㎞もなく、歩いて行くことになった。歩いていると、次から次へと暇を持て余した少年やら学生らしき人が寄ってくる。そのうちの一人がセルフィーを求めてきたので快く応じたら、我も我もと群がり撮影大会になってしまった。

立ち止まるとさらに増える恐れがあるので歩きながら撮っていた。現地人は、大学に通えるようなお金を持ってるやつはスマホを持っていたが、それ以外の子供はそこまで所持率は高くなかった。その代わり、僕の携帯でのツーショットに写りたがった。

クンドゥーズのタリバンホテル

そうこうするうちにホテルに着いた。周りが高さ2mほどの塀に囲まれており、門の入り口にはタリバン戦闘員なのか、ホテルが雇ってる傭兵なのかわからないが、カラシニコフを持った人間二人が警護している。

事前に調べた感じだとホテルは全くヒットしなかったので、これはありがたい申し出である。一部屋一泊の値段を聞いたところ、３５００アフガニだった。５０００円ほどか。その値段で警備付きの政府系ホテルに泊まれるなら、かなり安いなと感じた。とはいえ、その政府はタリバンなわけだが。

ただ、部屋はかなり薄暗くWi-Fiも飛んでいなかった。金庫も特に置いていないので、貴重品はベッドの下の板を外しそこにしまった。

門には警護の兵士が立っているが、アフガニスタンだとホテルが襲撃されることはよくあるので、念のためホテル内の構造を把握しておいた。

シングルルームでよかったが、ないらしくベッドは二台置いてある。

真ん中の机にはアメニティが置いてあったが、歯ブラシ等は中国語で書かれており、中国から輸入しているのだな、と関係性を窺わせた。

トイレとシャワーは併設されていて、便所自体は和式タイプのボットン便所だが、シャワーはちゃんと温水が出るようで安心した。昨晩は国境検問所で寝てシャワーを浴びてないので、温水シャワーを浴びることは重要だった。

今日は、朝から国境検問所でいつ通るかわからない審査を待ち、それが終わって入国したと思ったら外務省のオフィスでまた話し合いをして、少しばかり疲れて睡魔が襲ってきた。

布屋で連絡先を交換しておいた子に、ホテルの住所を伝えておいた。とりあえずペロン・トンボンが届かないことにはどうしようもないし、室内のネット回線もあまり良くないのでお昼寝することにした。時計を見ると17時を過ぎたところである。

やっぱり夜は危険だった　～タリバンによる連行～

2時間ほど昼寝をしたところで目が覚めた。服が届いてないか受付のところで聞いてみたが、何も知らないとのこと。まあ、ここら辺どこの国でもテキトーなので、18～19時ぐらいの予定だったら1時間ぐらいは普通に遅刻するだろうな。インシャアッラー（意味：神が望めば）だし。直訳すると「神が望めば」だが「多分」ぐらいの意味でよく使われ、実現するかどうかはせいぜい半々だ。

昨日今日と撮り溜めた写真・動画をＨＤＤに移しながら1時間半ほど待ってみたが、一向に届いた気配はない。ＤＭを送ってみたが返信もなかった。

服の回収もそうだが、昼間何も食べずにいたので何か夜ご飯が食べたくなった。21時まで待って服が来なければ自分で取りに行って、ついでにご飯を食べにでも行こうかと考えた。


結局待てど暮らせど来なかったので、外出することにした。ホテルのレセプションに鍵を渡して外出する形式のホテルだったので、鍵を渡して外に行こうとしたら怪訝な顔をされた。

「外は危ないよ」と言われた。それは十分承知している。それでいうと、そもそもアフガニスタン自体他の国に比べたら断然危険である。危ないと言っているのはクンドゥーズにいる過激派組織、イスラム国ホラーサーン州のことかな。

イスラム国ホラーサーン州は、2015年に日本人の人質を殺害したイスラム国の関連組織の一つで、アフガニスタンの東部に位置するクナール州の山間部が主要拠点だが、アフガニスタン全土に拠点があるといわれている。タリバンなどを攻撃対象としており、タリバンが全土掌握してからもテロ行為を行っている。

確かにクンドゥーズにもそのイスラム国ホラーサーン州の拠点があり、テロが起きたこともあるので危険だと思った。ただ、夜間外出禁止令は出ていないはずだし、せっかくアフガニスタン入りしたなら回れる間に回っておきたい。

この時点で8月13日である。2日後の8月15日は第二次タリバン政権誕生1周年であり、前日の8月14日のうちに確実に首都カブール入りしておきたかった。そこで逆算すると、この夜と翌日の午前中がこのクンドゥーズ市内を観光できる時間である。

要は全然時間がないわけだ。夜で多少は危険だろうが、イラクでも危険と言われながら夜間帯に一人で歩いていたので、気を引き締めればなんとかなると考えた。その旨を伝えると「そこまで言うなら……」と受付の10代半ばにも見える少年は頷き、どこかに電話し始めた。

電話を終えると外出の許可が出た。外へ出て門番の兵士にも同じ話をして外に出ようとしたら、「それは本当なのか」と受付の方に確認しだした。受付の彼はそうだと言い、皆口を揃えて「気をつけてね」と案じてきた。

これだけ現地人が念を押してくるということは、しっかり気をつけた方が良さそうであった。


道路に出ると、昼間賑わっていたのと違って人通りが少ない。小走り程度に歩き回れば、都市自体小さいので、主要な場所を見る分には問題なさそうであった。

ホテルから街の中心部までは近く800mほどであったが、道を歩いている限り人が全然いない。車やリキシャはそこそこ走っていたが。


店の前を歩いていたら、そこの子供の一人が物珍しげに近づいてきた。しかし、それ以外の現地人は物珍しげに見てくるだけで、特に何も起こらなかった。いや、そんな言うほど危険ではなさそうだ。

ただ、道ゆく店はもう片付けを始めており、食べられなさそうであった。昼間バザールで見た屋台はもうちょい離れた位置にあったので、そこならまだ食べられるかもしれないと考えた。最悪、屋台もレストランもやっていないなら、どこかの商店でポテトチップスでも買って、水でお腹膨らますか。

街の中心部に着こうとした時、突如後ろから大きな声で叫びながら近づいてくる車がいた。まあ、発展途上国だとこういった騒々しさはよくあることなので、また誰かがやらかしたのだろうと思っていた。そしたら僕の歩いていた横で車が停まった。あれ、呼んだの僕？？？

窓から顔を出して叫んできたのはタリバン兵士であった。よく見ると運転席、助手席、後部座席全て武装した兵士が座っている。あー、ガチのやつじゃん。ただ、パシュトー語を喋っており、何を言っているのかさっぱりわからない。ダリー語か英語が喋れるか聞いてみたが首を横に振った。

押し問答している間に仲間の兵士の忍耐が切れたのか、全員出てきて取り囲まれてしまった。三人は年季の入ったＡＫ－47だが、一人はこれまた米軍から鹵獲したＡＣＯＧスコープとAN/PEQレーザーサイト付きのM4カービンだ。国境警備隊のメンバーも一丁持っていたが、地方都市の警備をする兵士でも持っているのか。そこらの先進国より装備いいだろ……。

感心している場合ではなかった。カタコトのダリー語はある程度は理解できるっぽかったが喋れないらしく、パシュトー語で四人同時に捲し立ててくる。何話してんのか全くわかんねぇ。

とりあえずパスポートとビザを見せて、正式に入国したアピールをした。しかし、タリバン兵士もよくわかっておらず、お互い顔を見合わせ、喧々囂々《けんけんごうごう》とパスポートを見比べている。謎外国人を見て対応をどうするか困っていた。

一人のタリバン兵が、道ゆく通行人に「お前英語喋れるか?」と片っ端から声をかけ始めた。さっきまであまり人はいなかったが、騒ぎを聞きつけて野次馬が10人ほど集まっていた。するとそのうちの一人が英語を喋れるとのことで通訳を買って出た。

彼の英語も正直あまり要領を得なかったが「なんでお前は歩いているんだ」「お前は何者だ」みたいなことを言っているらしい。質問自体はどこにでもある職務質問であるが、ここはアフガニスタンである。そもそも外国人がほぼ存在していない。

今日アフガニスタンに入国したばかりで、この国には観光旅行をしに来た。昼間はタリバン外務省の人と一緒に服を買いに行って、ホテルで受け取る予定であったが、いつまで経っても届けにこないので、直接店に受け取りに歩いていたところだ、と簡潔に答えた。

そしたら、観光とはなんだ、旅行とはなんだと聞き返し始めた。

"travel" "sightseeing" "tourism" といった言葉の意味を理解し兼ねていた。ダリー語、ペルシア語、アラビア語で旅行を意味する単語を並べてみたら、頭を傾げながら一応理解したような顔をして通訳し始めた。

これは後からわかったことだが、数十年にも及ぶ戦争で、そもそも旅行したことのない人が大半なので、そういった概念をあまり理解していないようであった。自分の生まれた村や都市から、人生で一度も出たことのない人がこの国の大半を占めている。

若者がタリバン兵士に通訳したが、兵士たちもあまりよくわかってない様子である。兵士はまた若者に捲し立てる。若者はこう言った。

「とりあえず車に乗って警察署まで来い、と言っている」

「おいおい、待て待て、その前に服回収したいんだけど」

そう言ったが、その通訳がなされる前に車の方を指差され、抵抗の余地はなかった。銃を持った四人の兵士に取り囲まれたら選択肢は一つしかない。

おとなしく乗り込むと、両脇にタリバン戦闘員が座り、三頭筋がぶつかってものすごく窮屈である。その場で急旋回してアクセルをかけてGがかかる。走り屋かよ。

車は猛スピードを出して南下し始めた。街は中心部を少し離れると街灯が少なく、どこへ向かっているのかわからない。ただ、旅行中常に移動ルートのGPSログを取っていたので、後から見返すとそこまで離れていなかった。距離感覚が狂うのは、明かりがなくあまりに田舎すぎる弊害である。

詰所みたいな場所に着くと、運転していた兵士が大声で警護の兵士に捲し立てる。パシュトー語なので何を言っているのかわからない。ダリー語か英語が喋れるか聞いてみたが首を横に振った。

話が終わると、門は開けられ車が中に入る。塀は2m以上あり外からは全く中が見えない。その上に有刺鉄線が張り巡らされており、門の横には、これまた鉄板で覆われた監視塔があった。タリバン外務省も似たような構造をしていたが、こちらの方が大規模である。

敷地内にある建物の前に乗りつけると、車から降りるように言われた。そこにもさらにカラシニコフを持った兵士が数人おり、周りを完全に囲まれながら階段を上るように促される。

建物を歩いていると、中にいた別のタリバンたちが「夜中に何事か」とこっちを見てくる。通された大会議室の椅子に座るように促された時には、目の前にタリバン兵士が40人ほど群がっていた。

いつの間にか、小藩の大名行列ぐらいの規模になってた。みんなこの連行されてきた謎の外国人に興味津々である。椅子に座ると、連行してきた兵士が別の人に話し始める。

その人は何回か頷いたのち英語で僕に話し始めた。あら、タリバンって外務省の人たち以外にも英語喋れる人材がいるのか。

先ほど道端で尋問された時のように答えていくが、ここでも旅行関連の英語が通じない。ダリー語で答えると「おお～～」と、数十人いるうちの7割ぐらいの兵士たちが、なるほどねと理解したようである。

そして、何よりダリー語で言い換えた僕に驚いたのか、ダリー語で質問が飛んできた。それにまた返答すると「や、こいつすごいぞ」とわちゃわちゃし始める。英語が喋れるのはほんの数人であったが、ダリー語、ペルシア語は比較的理解できるらしい。全体的な割合としては、7割ほどはダリー語を理解するようであった。最初に連行された時に全員喋れなかったのは引きが悪かったようである。

こうなったらパフォーマンスショーである。ダリー語で自己紹介から始まり、今日の昼間にアフガニスタンに入国したこと、タリバン外務省の人と連れ立って服を買い、受け取りに街中に行くも、そこで兵士に見つかってここに連れて来られたことを端的に説明した。ダリー語を理解できるタリバン兵が、周りのパシュトー語しかわからないやつに内容を通訳して大盛り上がりである。よし、これで多分身の安全は確保したな。やはり現地言語を覚えておいて正解だった。

賑わいが落ち着きを取り戻した際に、また通訳が細かいビザの話とかをし始めるので、順に答えていく。一通り話すと、使いっ走りの若い兵士に、ボスに伝えるように言伝した。状況説明をする際に、まだ夜ご飯を食べておらず、お腹が空いたことをアピールしておいた。すると隣の部屋にご飯の残りがあるから食べてもいいよ、とのこと。連行されてもただでは引き下がらない僕である。

ご飯を食べようと移動すると兵士がゾロゾロついてくる。隣の部屋は床に座布団が何枚も敷かれている仕様であった。国境検問所でも見たが、役所やら施設内ではこうやって床に座ってご飯を食べるのが一般的なスタイルなのか。

各々質問したくてたまらなくて捲し立てるが、日本語ですら難しいのにダリー語と英語とパシュトー語で聖徳太子をやるのは流石に厳しい。

お腹が空いてフラフラなんだ、と言って座布団に座ると、大皿に残った肉とパンが出てきた。あら、まじか。連行されてタンパク質食べれるとは思わなかった。

ありがたくメシにありつく。肉に食らいついていると、次々と兵士たちが入ってきて取り囲むように座った。部屋の大きさは7畳程度だったが、数十人が入れるはずもなく、入り口付近に溜まって立ち見ができていた。

肉を平らげると、トマトのスープが出てきた。冷えていたがもうこの際どうでもいい。パンに浸してこれまた頬張った。寡黙だが気の利いた男が緑茶を差し出してくれた。ごちそうさま。

まだ食べ終わらないうちにブドウが出てきた。まだメインを食べたかったので断った。それにしても、ブドウってアフガニスタンにあるのか。まあ、緯度的にはワインベルトだし昼夜の気温差が激しく少雨だし、産地としての条件は当てはまっているか。

メインディッシュを食べ終えた後でブドウを食べたが、味は普通だった。環境としての条件は揃っているが、品種改良がイマイチなのか、それとも単に育てるのが下手なのか。まあ、食べ物自体にありつけるとは思ってもいなかったので、これ幸いである。

質問がガンガン飛んできたから答えていたが、やはり部族社会だけあって家族を中心とした話が多い。いつも通り家族構成や結婚の有無、なんでその歳で結婚していないのか、というイスラム教国家あるあるの展開が中心であった。

周りを見渡すと全員若い。髭が生えていて顔も濃いので日本人よりも圧倒的に歳をとっているようには見えるが、それを考えてもどう見ても若い。アメリカと何十年にもわたって戦争をしてバタバタ死んでいるので平均年齢がかなり低いのだ。

貧困国に行けば行くほど平均寿命が短くなり、子供の割合が高くなる傾向は確かにあるが、ここは警察であって一応政府の役所である。役人の顔ぶれが総じて若いのだ。

今まで海外はおろか、アフガニスタン内でも旅行したことがない人たちばかりであったので、僕が60ヶ国回った話をしたらどよめいていた。サウジアラビアやイラクといった他のイスラム国家に行った話をしたら、メッカに行きたいと一人が言った。


さらに、アフガニスタンまできた旅程の中央アジアの話などをしていると、話を聞いていた若者のうち遠くで立ち見していた一人が、ナイフを取り出して首を斬るジェスチャーをしてきた。

え、何???　と驚いて指を差すと、周りのやつが「あいつは君に注目されてやっているだけで、特に深い意味はないよ」と。いや、それジョークなんかい。タリバン式ブラックジョーク迫力ありすぎだろ。

米軍と20年にわたり殺し合ってきたやつらのジョークの完成度が高すぎて、思わず笑ってしまった。首を斬られたらたまったものではないが、面白いので手を振っておいた。するとさらに激しく斬る真似をしだした。

「写真撮っているなら見せてくれ」と言われたので、一枚一枚見せながら説明していたら、携帯を強引に奪って勝手に見ようとしてきたやつがいた。

何かあった時に写真フォルダを見られると困るので、入国前にアプリの位置がわからないようにした上で閲覧制限はかけていたが、なぜ拒否するのかを聞かれた。これはプライバシーだから見せない権利があると主張したら、通訳が困った顔をしてしまった。その語彙自体もないようである。携帯を取り返した上で簡単に説明してことなきを得た。

そんなこんなで話していると、お偉いさんの会議が終わったようで、立派な髭を蓄えた恰幅のいいおじさんがやってきた。部下が手短に話をすると、こっちを一瞥したがあっさり戻って行った。そして通訳してもらうと、問題なく帰っていいとのこと。思ったよりあっさりしていた。重役連中の会議が早めに終わっていたら問題なかったのでは？

帰っていいとのことで立ち上がると、部屋にいた兵士が全員また金魚のフン状態でついてくる。記念にタリバン兵士と写真撮影したいと言ったら断られた。ええやん。撮ろうぜ。粘ってみたがダメだった。他の時は大体成功していたのでセキュリティー上の問題なのか、上の方針なのかわからないが残念であった。

そのまま車に乗せられて、また来た道を爆走しながら戻る。あっという間にホテルの門のところまで辿り着いた。やはり部族社会だけあって、上の裁可が下ると話がとんとん拍子に進む。数時間連行されていたが、ボスが出てきてからは本当にあっという間に物事が終わった。

ホテルの警備の兵士が怪訝な反応で出迎えたが、相手がタリバン警察と見るやあっさり門は開いた。そして降車すると、兵士たちは手を振りながら別れを告げた。

ホテルの従業員に何事か聞かれたので手短に経緯を説明し、結局服を回収していないことを思い出し、確認をとったが、まだ届いていないとのことだった。現地人の服装も手に入れられず、予定していた観光もできなかったが、タリバンに連行されるという経験もなかなかできたものではないので良しとした。

マフィアよりタリバンより怖いもの

忙しい1日を過ごし、ようやく寝れるかと思ってホテルの部屋で歯を磨いていると、遠目に嫌なものが見えた。見覚えのある黒光りの虫。

そう、ゴキブリである。

アフガニスタンのゴキブリとか歌舞伎町以上に汚そうだし、何より僕は大の虫嫌いである。怖いものは怖いのだ。正直タリバンに連行された方がマシである。疲労に任せて寝ることも一瞬頭をよぎったが、流石にこればかりは無理であった。速攻でホテルの受付に行き苦情を申し出た。

数人が招集されて、ベッドのゴキブリを叩き潰そうとした。だが失敗してベッドの下に逃げてしまった。可動式ベッドではないのでマットを動かしたりしてみたものの、見当たらないようである。

ホテルのボーイたちは諦めろと言ってきたので、「せめて部屋替えさせてくれ」と頼んだがどうにも埒が明かない。めんどくさそうに「おやすみ」と言って出ていった。

これはもう何を言ってもしょうがないやつだ。ここでごねても無駄である。より不快感が増す前にさっさと寝ることにした。寝てしまえば嫌という感情も起きまい。床に着きしばらくしてウトウト夢の中に入ろうとした時、「コロコロコロコロ」とけたたましい鳴き音を立て始めた。

そう、さっきゴキブリと思っていた虫はコオロギだった。日本で見るゴキブリの見た目とそっくりだったのでゴキブリだと思いこんでいたが、実態はコオロギであった。それほどまでに、ここアフガニスタンのコオロギは、僕の知ってるゴキブリとよく似ていた。

ゴキブリじゃないとわかって一安心と思いきや、鳴き声は凄まじくうるさい。とても秋の風物詩といえるような心地良い音色ではない。轟音である。

もう一回苦情を言いに行ったが鮸膠もなく断られた。代案として寝酒しようかと思ったがここはアフガニスタン。酒など当然なく、耐えるしかない。耳栓をして耳に布団がかかるようにして極力音量が小さくなるようにし、なんとか眠りについた。

服を取りに行きたい僕vs.何がなんでも連行したいタリバン

朝起きてホテルの朝食を食べた。出てきたのは下のようなパンとジャム、クリームチーズであった。パッケージにはクリームチーズと書かれているが味は完全にヨーグルトである。パンは、ウズベキスタンや中央アジアで「ノン」と呼ばれるものと同じ形をした、特徴的なパンである。普段朝から肉を食べているが、食べられなさそうなので諦めて流し込む。

目覚ましのシャワーを浴び身支度を整え、

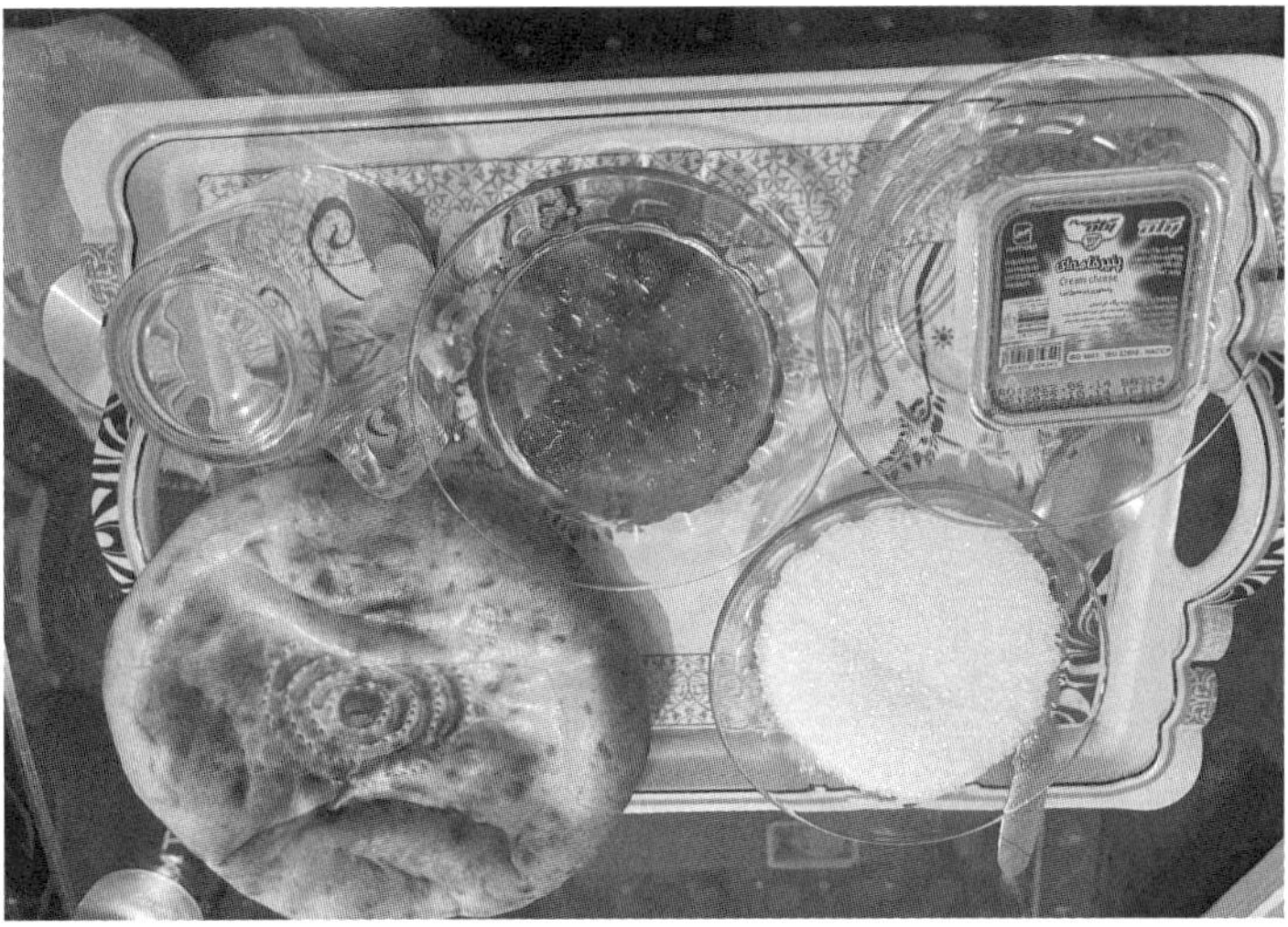

昨日失敗した衣装を受け取りに行く準備を済ませる。服を取りに行く間、荷物を置いていっていいか聞き、了承をもらったので外に出た。

また昨日と同じ道を歩き、人混みを突っ切っていく。途中タリバン兵士とすれ違ったが一瞥されたものの何もなく終わり、昨日タリバン警察に連行されたおかげで周知されてるんだなと安心した。

街の中心部のロータリーを通り抜け、布屋の10mほど前まで来た時、後ろからトントンと肩を叩かれた。何事かと振り返ると、そいつが「指差す方を見ろ」とジェスチャーをしてくる。その先を見ると、髭モジャモジャのタリバン兵士である。こちらに来いと笛を鳴らしながら手招きし、そして近づいてくる。

「昨日連行されたし、僕は服を回収したいだけなんや!!!」

絶叫するも訴えは認められず、ロータリー近くにあるトタンでできた簡易派出所みたいな場所まで連れて行かれる。中で休憩していた兵士がワラワラと出てきて、これまた取り囲まれる。

全員に向かって再度同じ説明をし、ただ服を取りに行きたいんだ、と抗議する。昨晩連行されてまた連行されたらたまったもんじゃない。

最初に僕を見つけたタリバンのおじさんはニコニコしている。もの珍しいものを見つけてご満悦といった表情である。勘弁してくれよ〜〜。

昨晩連行された時に番号を交換した、英語ができるタリバン警察の何人かに電話をかけてみた。だが、まだ寝ているのか携帯を見ていないのか出てくれない。

WhatsApp画面でタリバン兵士十数人とやりとりしている画面を見せて、こっちに友達がいることをアピールしてみる。が、あまり効果はなかった。

おっさんはどっかに電話をかけると、リキシャに乗るように促す。もう連行する気満々やん。結局、銃を持った兵士複数人に囲まれてはどうしようもないので、おとなしく乗り込んだ。

すでに乗客は一人乗っていた。リキシャは三輪タクシーで料金も数十円とかなのだが、さらに相乗りする仕様である。面白いが車より遥かに狭い席に三人座るのはかなり窮屈である。

乗っていたおじさんは途中で降りた。タリバンと同乗するのが気まずかったのか、目的地近くまで着けたからかはわからない。

そんなこんな考えながら揺られていると、昨日とは違う建物の前で停めるようにタリバン兵士は言った。昨日の夜に連行された建物とは全然別の場所にあった。え、この人たちはタリバン警察じゃないのか。

建物に書かれている表札を見ると「独立人権委員会」とある。これはアフガニスタン共和国時代に、アフガニスタンの女性や子供の権利擁護を監視するために設立された機関だ。僕が入国する3ヶ月前の5月上旬には、タリバン政権によって廃止が発表されていたはずだ。つまりこのタリバン兵士たちは、旧独立人権委員会の庁舎を占領して使っているらしい。警察と名乗るタリバンは昨日連行された場所なので、ここの役所はどこの管轄だろうか。

警護の兵士にボディーチェックされる。そして携帯とバッテリーを没収された。いや、勘弁してくれ。これだと他のタリバンのツテすら使えないじゃん。おいおい、頼むからそれは返せと抗議したが、ここで預かるとのこと。おーん。

別の人に「ついてこい」と手招きされた。皆武装しているためこれ以上抗議してもどうしようもないなと思い、仕方なくついて行く。結局武器の前に人は無力である。建物は割と広く、また歩かされた。

部屋の前に着き、椅子に座って待つように促される。案内役の兵士は部屋から出てきた別の兵士と交代し、中の社長室みたいな場所に入っていった。

交代した兵士もまた、連行された謎の外国人をまじまじと見てくる。突如来た来訪者は、やはり珍しいらしい。しばらくしたら部屋に通される。社長室に通すのかと思ったら、その奥にあるお座敷部屋みたいな場所に通された。

その奥には、立派な髭を蓄えた、いかにもお偉いさんの見た目をしたムジャーヒディーン(イスラム教の教えでジハード(聖戦)を遂行する兵士)がいた。他には、20畳ほどの部屋に20人ほどのタリバンがいた。お、昨日よりは少ないけど今日もまた群れてるな。

どこに行ってもそうだが、彼らは部屋がいくつもあっても、座敷のある部屋に一堂に会して座って大体井戸端会議している。

一番お偉いさんの隣の座布団が空いており、そこに座るように促される。にしても立派な髭蓄えてるよなぁ。

そして、最初に僕を連行したタリバンのおじさんが部屋に入って、ボスと思しき人の前に座り現状報告を始める。その様子は、獲物を捕まえてきて褒めてもらうのを待っている犬のようである。

報告している間、他のタリバン兵士たちはボスの顔色を伺いながらチラチラ見てくる。その様子が面白くてしょうがないし、ここまで来ると連行されるのにも慣れてきているのでニコニコしながら眺めていた。まあ、面倒であることに変わりはないが。

ボスらしき人物は一通り話をすると僕に話を振ってきた。が、この人は最初の人と違ってダリー語がわからず、パシュトー語話者のようである。理解できなかったので肩をすくめると、その場にいた若者を指差して通訳するように命じた。

ここでまた一から説明である。昨日から何度この説明を繰り返したことか。連行からの説明慣れして、言葉がスラスラ出てくる。そして昨日タリバンに連行されて、そいつが身元保証人になってくれるから、さっき没収された携帯を返してくれと要求した。

そしたらボスは下っ端に携帯を持ってくるように命じた。話が早え。ありがたいぞ、うまくいけば早く終わる。使いに行っている間に、ダリー語で「喉乾いたから水が欲しい」と要求したら場がどよめく。そういや、この集団の前ではまだちゃんとしたダリー語で喋っていなかったな。

室内にあった冷蔵庫からペットボトルの水を渡され、ようやく喉を癒せる。ここアフガニスタンのクンドゥーズは砂漠の近くにあり乾燥が激しい。ずっと喋っていると喉が非常に渇く。

水を飲みながら軽い身の上話をしている間に、iPhone、バッテリー、GoProが届く。GoProを見たことがなかったのか、まじまじと見つめ、これは何かと聞かれて、カメラと答えたら驚いていた。こんなに小さなカメラを見たのは初めてだと。

個人的には早く解放してもらい、さっさと観光したかった。WhatsAppを開くと、身元保障してくれと頼んだタリバン警察のメンバーから返信が来ており、電話可能なようである。ボスに電話をかけていいか聞いた。問題なさそうだったのでかけてみるとすぐに出た。

事情を説明し、身元確認は昨日済んだから改めて電話で身元保証人であることを証明してほしい旨を伝えると頷き、電話を代わるように言った。ボスに目配せして携帯を渡した。
5分ほど電話して、しっかり説明してくれたようである。ボスは、連れてきたタリバンのおじさんを叱っていた。珍しいものを見つけて褒められると思っていたおじさんが、しょんぼりしていて思わず笑いそうになってしまった。

兎にも角にも解放である。携帯を没収された時はちょっと危ういと思ったが、毅然と対応していたら思ったよりあっさり終わった。ボスが謝り、部下に車で送ってやるように命令した。本来の目的である服の回収がまだ終わっていないので、服屋まで送ってもらいたい旨を伝えると問題ないとのこと。

連行されたが、タリバン兵士をアッシー代わりにできそうである。疲れていたので、トイレにも行かずさっさと後にした。そういやここはどこの役所なのかと聞いたら、タリバンの勧善懲悪委員会とのこと。なるほど、どうりでこれまた違う部署だ。

帰りはリキシャではなく、ここのタリバンの車である。また、昨晩と違って昼間だからか、ドライバーは一人だけで、両脇に武装した兵士がいるわけでもない。嫌疑が晴れると本当にあっさりしているな。

そのまま出発し、10分ほどで服屋の前に降ろされ、伝統衣装の回収に成功する。なんだかんだ、この時点で午前も11時を過ぎており、当初予定していた市内観光をするのは厳しくなっていた。

一番重要なのは、明日8月15日のタリバン政権誕生1周年で起こるイベントを見ることである。クンドゥーズ市内観光は、二回も連行されて予定が大幅に狂ってほとんど何も見れていないが、優先順位を考えるとしょうがない。

そんなわけでさっさとホテルに帰った。昨日のタリバンの外務省の人が、カブール行きのバスは13〜14時あたりに出ているようなこと言っていたな。

色々自由すぎだろ、カブール行きのバス

一旦タリバン外務省に寄るように言われていたので寄ってみると、なんで昨晩は外に出たんだと怒られた。外出禁止令は出てないし、服はないし、メシもなく仕方がなかったんだと弁明したら苦笑いしていた。どうやら、夜間に出歩くのは好ましくないらしい。
今後の予定を聞かれたので、あくまで変わらずカブールに行きたいから、この後バスに向かおうと考えていると伝えた。「気をつけてね」と言いながら、これからお祈りがあるからお別れの時間だと。

教えてもらったバス乗り場に向かうために、建物から出てリキシャかタクシーを捕まえようとするが、街の中心部方面に向かう車両ばかりで捕まらない。監視塔のタリバン兵士がゲラゲラ笑っている。しばらくしてなんとか捕まえ、兵士に大手を振って別れを告げた。

しばらくするとバス乗り場と思しきところに着いた。大型バスが一台ぽつりとあるだけで、

とても都市間バス乗り場とは思えない雰囲気をしていたが、近くにいる人に聞いたところあっていいた。値段を聞いたら、タリバン外務省で事前に聞いていた値段の半額の８００アフガニであった。

チケットを買いバスに乗り込むと全然人はいなかったので、さっさと窓際の席を押さえた。チケットを売ってたやつの一人が駆け寄ってきて、次から次へと質問を投げかけてきた。日本人を見たのは人生で初めてらしく、僕に話しかけたくてうずうずした様子であった。

三つ四つ質問に答えていると「早く仕事に戻らんかい！」と親方みたいな人にどつかれて連れられていった。

ここで驚きだったのがハンバーガーである。バスに乗る時間も長いだろうし、小腹を満たしておこうとバス停付近の屋台でハンバーガーを注文した。そして、いざ口にしてみたら、あらびっくり。なんと肉が入っていないのである。

いや、肉が片方に寄って見えてないだけで入ってるだろ、と半分食べてみたがポテトと気持ち程度のピクルスとトマトが入っているだけである。結局、最後の最後まで肉の味は一切しなかった。

ハンバーガーとは？？？　僕の中の常識が破壊された。

炭水化物ｉｎ炭水化物。ずっとカレーパンの中身のカレーに辿り着くまでのパンの部分を齧っている気分であった。プロテインを食わせろ！！！

ある一店舗だけかと思っていたが、ハンバーガーを名乗っているのに肉が入っていない店がいっぱいあった。

現地人でも貧しい人たちはこれを食べていた。というかある程度金のある人は肉入りの食べ物を食べているが、貧しい人は肉入りのものを食べれていなかった。普段肉を食べないと生きていけない僕からすると恐るべき格差社会であった。


しばらくすると、突如さっきの親方らしき人が血相を変えながら席の方に向かってくる。

「タリバンの司令官で偉い人がお前のこと呼んでいるから来い」

いやいやいや、また連行かいな。昨晩、今朝に引き続き、またもや連行されて尋問されたらたまったもんじゃない。この国はどうなってるんだ。旅行難しすぎだろ。ただ、ここまで頻度が高いともう全く動じなくなってくる。

ついて行くと、少し高床のところに15人ほどの人だかりができている。紹介されるままに自己紹介をして挨拶をすると、予想と違って歓迎ムードである。ん？　どゆこと？　戸惑いながら探ってみたところ、バスに珍しく謎の日本人観光客が来ているらしいのを耳にしたから、呼び出してみたとのこと。ただ呼び出しただけか。脅かすなよ、ほんま。

兎にも角にも、今回は連行からの尋問ではなかった。ダリー語で挨拶したのも気を良くしたのか満面の笑みである。二回連行されて必死にアウトプットしたので、入国直後と比べるとスピーキング力がアップしていた。

その場にいた司令官やその取り巻きが写真を撮ろうと言ってきたので、だったら僕の携帯でもお願い、ということで撮影大会が始まった。最初若干覚悟していたのに比べると、いたくボーナスタイムである。

ここまでもてなしムードなら銃と一緒に写真撮れるんじゃね？　そのM4カービン持って写真撮らせてくれ。要求はあっさり通った。タリバン戦闘員は弾倉を外すことなく、米製鹵獲兵器のM4カービンをあっさり手渡してきた。いや、まじかよ。

うおおおおおおおおおおおおお、やったぜ。去年Twitterで死ぬほど流れてきた動画の銃と記念撮影である。自らが歴史の一部に触れたようで非常に嬉しい。

最初連行されるかと思っていたのに比べると、なんたる幸せか。これで渡航前に狙っていた「米軍の鹵獲兵器を持って写真を撮る」という目標を早々にクリアした。

意気揚々とバスに戻り、1時間ほど待っているとようやくバスは出発した。バスに乗った乗客は、最初は怪訝な目で僕のことを見ていたが、日本人旅行客であることを明かすと色々食べ物をくれた。


途中トイレ休憩があった。トイレといっても地面に穴を掘って、その上に小屋を立てただけの簡便なものであった。都市間移動のバスが停まるのでトイレは混雑していた。

近くに河原があり、そこに行く人もいた。それを見て驚いてしまった。アフガニスタンは、世界で最も残存地雷や不発弾で命を落とす犠牲者の多い国である。共和国時代の手記などを読んでいると、カブールと北部の都市を結ぶ道路脇にも地雷が残っており、迂闊に立ちションすると足がなくなるから気をつけろ、みたいなことが書かれていた。

そんなわけでかなり警戒していたわけだが、現地人は臆することなく河岸まで歩いていく。「地雷なんてないよ」と言う人がいたが、統計を見る限りとてもじゃないがリスクは犯せない。いつも通り、他の人が歩いた足跡を一歩一歩なぞるようにして歩いて行った。

開放感のある中、用を済ませるとまた同じような経路で戻る。それにしても皆何も気にせず歩いているので、リスクはあれど大幅にマシになっているのは間違いなさそうであった。


バスがまた走り出し、しばらく道なりに走っていると突如ブレーキがかかる。何事かと思っていると運転手が道端に向かい始めた。そこには何百個とあるスイカが積まれていた。他の乗客も状況に気づいたのか、我先にとバスを降り買い求め始めた。

突発的なスイカ市である。運転手はスイカを10個ほど買い、車体下の荷物入れの隙間に放り込み始めた。その後、自分が一番最初に買ったのに、さっさと出発するぞとクラクションを鳴らし始めた。皆々が買い求めていたのでなかなか出発しなかったが、痺れを切らしたドライバーが置いていくそぶりを見せると、ようやく乗客は車内へと戻った。それにしても自由だな。

次に停まったのはトイレ休憩である。いや、僕はそう思っていた。しかし実際は礼拝の時間で、運転手から乗客まで全員がお祈りをするために停まっただけだった。トイレはあくまでおまけであった。

都市間移動バスはきっちり礼拝時刻に合わせて停まるようである。他の国だとここまで厳密にやる人にお目にかかれなかったので驚いた。確かにバスが停まる直前、田んぼの畦道で礼拝する現地の農民がいたのを思い出した。

礼拝終わりに（僕はトイレ休憩だが）バスに戻ると、バスは洗車中であった。中に入るまで待っていると、乗客のうちの一人が話しかけてきた。

「君は日本人って聞いてるが、ドクター中村を知っているか。彼は偉大な人物だ。日本人と会えて光栄だよ」

そう言って握手を求められた。海外のアラブ圏などでは、現地人が知っている日本人は基本的にサッカー選手ぐらいなので、別の名前が出てきて驚きであった。

ペシャワール会の中村哲医師がこの国で多大な貢献をして、アフガニスタンの多くの人々に尊敬されているのは本当であった。以後会った人にも同じようなことを言われることが多々あり、実際にそのようであった。

バスは夜通し走り、最初は警戒して寝ないようにしていたが、周りの人々とも打ち解けて比較的安全が確保されたと感じたので、その後はうつらうつら軽く寝ておいた。

CHAPTER 4 Four

ついに、大本命の首都カブール入り！

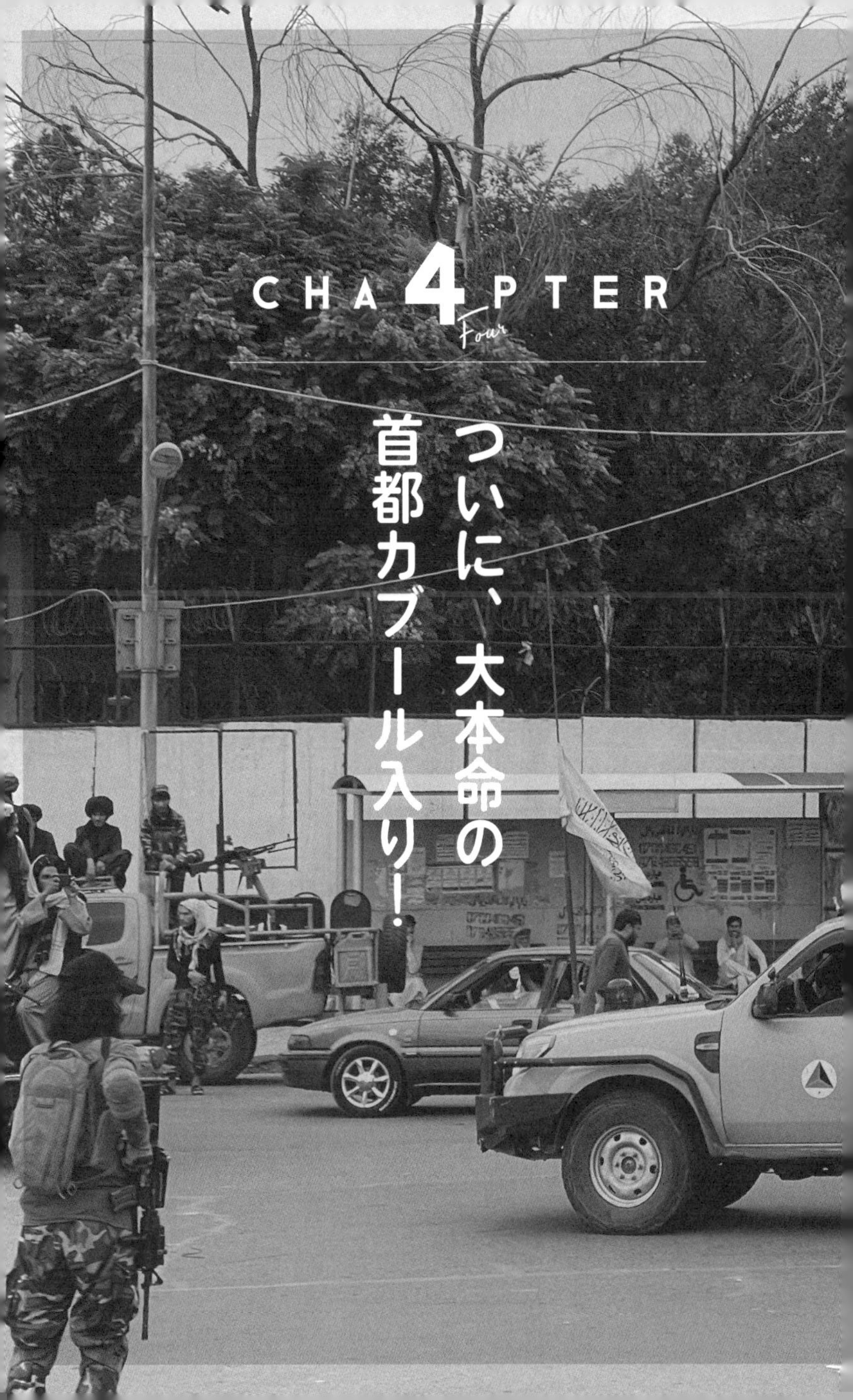

インターコンチネンタルカブール

到着したのは朝4時頃であった。途中で話しかけてきた彼がどうやらハザーラ人で、タリバン政府のことについて文句を言っていた。クンドゥーズの街は割と政府寄りの感覚だったので、反政府的な人間の発言が聞けて面白かった。「そんな反政府発言しても問題ないのか」と聞いたら「あいつらは英語がわからないから問題ない」と言っていた。なるほど。英語を喋れるタリバン兵は外務省の人であったり、かなり限られてるしな。地方では、カブールより英語がわかるタリバン兵がさらに少ないようだった。

行き先が同じ方向であったのでタクシーに相乗りすることにした。大手宿泊サイトだとカブールのホテルは三軒しかヒットしない。Google Map 上だともっとあるが、経験上そこにすら表示されていないホテルがまだたくさんあるはずである。聞いた感じだと、現地の商人などが泊まるようなところは一泊500アフガニ（700〜800円）らしい。

僕は、数々のテロが発生し、歴史を刻んできたインターコンチネンタルカブールに泊まりたかったので途中で降りた。このホテルは、タリバン政権になる前は国営ホテルだった。「インターコンチネンタル」と聞いたことがある人も多いだろう。日本にもある国際ホテルチェーンだ。元々そのフランチャイズとして経営されていたが解除され、今では名前だけが残っている。政治的な会合などがよく行われていて、外国人もよく泊まるホテルだった。そのため、排外主義的なタリバンは、しばしばこのホテルを襲撃し外国人を殺害していた。

現在、ホテルはタリバン支配下ではあるが、外国人だからといって殺されることはない。門の前に着くと、ＡＫ－47を携えたタリバン兵士が三人立っている。早朝5時に来た謎の日本人を怪訝そうな目で見ていたが、宿泊したい旨を伝えたら無線で連絡し始めた。これまた米軍が置いていったトランシーバーではないか。

とりあえず持ち物チェックということで一通り済ませる。ボディーチェック自体は構わないが、リュックの中身をここでぶちまけろとのことでちょっと面倒だった。まあ、そうはいってもどうしようもない。Macから携帯、大量のコードを検分すると、ロードバイク用の走行した距離や速度などを計測できるサイクルコンピューターをジロジロ見ながら、「これはなんだ」と聞かれたので説明したが、要領を得なかったので「GPSや」と言ったら理解されたと同時に、「要チェック」と無線で伝達し始めた。やらかした。

ゲートを抜けると坂があり、ここからホテルまでかなり距離があった。途中に検問が二箇所あったが早朝の時間帯はやっておらず、人はいたが軽く問答するだけであっさり通過した。三つ目の検問は男女別に分かれており、宿泊客や来客に女性がいた場合に対応できるモスク方式であった。(1)

途中監視塔があり、ここには脚立付きのスナイパーライフルを装備した狙撃手がいた。安心度が桁違いである。あちらこちらの重武装に目を取られていると、ようやく四つ目の検問所に到着した。

ホテルは鉄柵に囲まれていた。数々の襲撃、テロ攻撃を受けてきただけあって、警備が厳重すぎる。

扉を開けると金属探知機がお目見えする。ホテルに入るのに金属探知機を潜るのか。よくよく思い出せば、つい先ほど狙撃手のいる監視塔の真横を通過したばかりである。今さら

(1) イスラム教徒は男女別々でモスクに入る。

金属探知機など普通ではないか。

空港のセキュリティーゲートのような厳重さで身体検査と持ち物検査をされる。外出するたびにこの手順を繰り返していたら、たまったもんじゃないな。絶対に荷物を減らすべきだと確信した。

荷物を全てぶちまけられながら、タリバンはやはりサイクルコンピューターに目がいく。ここまで疑われるというのは、あっち側には爆弾か何かに見えているのか。そうするとまた無線でどこかに連絡を入れる。最後のラスボスの検問かと思ったが、まだ別に部署があるらしい。

返答待ちの間、そこにいる兵士が英語を勉強中らしく、英語の会話相手になってほしいそうだったので少しばかり話していた。タリバンは何度も外国人を狙ってこのホテルでテロ攻撃を行っていたが、今ではホテルの支配人として外国人をもてなす側になっているようである。驚いているうちに、通行許可が出たのでついに身体検査は終わった。

ようやく待ちに待ったホテルとご対面である。距離は５００ｍほどだったが通過するのに

30分もかかっていた。命や安全をお金で買うってこういうことか、という気持ちになった。

ホテルのレセプションで数日泊まりたい旨を伝える。受付の人はこれまた上手な英語を喋れてびっくりした。見た目はどう見てもタリバンなので、このホテルは完全にタリバンの支配下にあるにもかかわらず、英会話できる人材がいるようである。

早朝で、予約なしの飛び込みであったが無事部屋は取れた。宿泊費はアフガニであったが、米ドルしか持ち合わせていなかったので米ドルで支払った。少々レートは悪かったが、宿泊サイトで見たよりも2割ほど安かった。

部屋に着いてテラスに行くと、カブール市内を一望できる好立地であった。検問を潜りながら、途中は確かに坂を登っていたのを思い出す。深夜バスで移動してきたので、どっと疲れが出てきてしまった。

ふと室内清掃の人が来る時に気づいてしまった。扉を開ける時、勢い余ってドアノブが壁にぶつかってしまった。部屋に入った時も、なぜか勢い余って壁にぶつけて、変だなと思っていたところであった。扉が厚さ5㎝ぐらいの鉄板でできていて、開けようとすると慣性でそのまま壁に激突していたのだ。

これを見て、このホテルの血塗られた歴史をまざまざと思い知らされた。タリバンによる数々の襲撃時は銃撃戦や爆発物によって宿泊客に多数の死者が出ている。2018年1月にはテロに巻き込まれて外国人を含んだ18人が亡くなっている。この厚さなら、対戦車ライフルや自爆テロ程度の破片なら防げるだろう。いやはや、それにしても大量の血が流れてきたのを想起する構造であった。

一番の目当て　第二次タリバン政権1周年記念

と色々考えていたら疲れがでてきたので軽く昼寝をした。目が覚め、いざ出発である。ホテルの部屋を出て、エレベーターで階下に降りようとしたら外から爆音が聞こえてくる。アフガニスタン上空を飛べる機体など限られている。

遠くに軍用ヘリが一台巡回していた。遠目に見る限り、アフガニスタン共和国空軍のMi

—17っぽい。タリバン側って鹵獲兵器運用できるんだ。

すでに二回連行されてめんどくさかったので、髪を覆い隠し、ハザーラ人のフリをしようと思った。リュックも現地人でしている人はいないので、外国人であるとバレないようにiPhone、GoPro、バッテリー、ケーブルだけに絞って手ぶらで出かけることにした。これだと現地人をもってしてもアフガン人にしか見えないわけである。ホテルは元外国人御用達というだけあって、金庫もあり荷物も預けられるようになっていた。

ホテルを出てカブール市内に繰り出してみると、早速道路に検問があった。ただ通過する自動車はチェックしているものの、歩道を歩いている僕には一瞥すらすることなく、景色の一部として何事もなく通り過ぎた。あれ、思ったよりあっさりしてるな。

そのまま市内を歩いているが特に何事もなかった。クンドゥーズでは通過する全ての人から視線を感じていたが、今は全く誰からも関心を持たれていない。これほどまでに擬態がうまくいくものなのか。それとも、都市部にいるので皆他者への関心が低く、他人への興味がないからなのか。この時点ではなんとも言えなかった。

だがしかし、楽といえば楽である。連行されるというのは、限界旅行としてまたとないレアな経験であるが、1日に何度もしょっ引かれて数時間拘束されると、流石に何もできないし疲れる。カブールに関してはなんとか普通に観光できそうである。

街中を歩いていると大音量で遠くから何かが近づいてくる。

や、右翼の街宣車か！　天皇陛下万歳！

大興奮してよく見てみると、タリバン戦闘員がテクニカル車両に、タリバン特有の白地にシャハーダが描かれた旗をブッ刺し爆走していた。

おおおおおおおおお！！！！　これよ、これ！！！！

これを見に僕はこのタイミングでアフガニスタンに来たのである。渡航タイミングちゃんと狙ってよかった。他のタイミングだと見れないかもしれない。

とりあえずお腹が空いたので、中心部にあるメシが食えそうなところに向かっていったが、途中で同じように爆走した車両と何台もすれ違った。

街中には、イスラム教で断食を行うラマダーンに次いで重要な「ムハッラム月」の看板があった。

ムハッラム月は1年の始まりの月で「アッラーの月」ともいわれており、ラマダーン月と同じように断食を行うこともある。10日にシーア派は「アシュラ」というムハンマドの孫フサインが殉教したことを偲ぶ行事を行う。タリバン政権が樹立して1年が経ってパレードがあった日は西暦だと2022年8月15日だが、ヒジュラ暦だと1444年ムハッラム（1月）17日になる。


さらに歩いていくと大量のバイク修理屋が立ち並んでいた。イラクでもそうだったが、発展途上国だと中古車や、中古車をニコイチ・サンコイチして動いている車が多い。なのでこういった修理屋の数が圧倒的に多い。各部品が壊れやすく修理も頻繁に行わないといけないので需要もある。

などと観察していたら、いい匂いが漂ってきた。見ると店外の炭焼き台でケバブ串を焼きながら団扇で扇いでいる。よし、今日の昼ご飯はこれで決まり！

店内に入りケバブを注文する。こっちの現地人が食べているレストランは、一般的にお座敷に上がって、床もしくは少し高くなった机の上に料理が提供されることが多い。身内で食べる時に、床に敷物敷いて料理並べていたし、基本スタイルがこうらしい。

靴を脱ぎ好きなところに座ると、対面側のおじさんが手を振っている。面白いので手を振り返したら隣のおじさんと喜んでいる。

そうこうしているうちに、すぐに料理が出てくる。外に匂いが垂れ込めていたので、いつでも提供できるようになっているアフガン式ファストフードか。

ケバブ自体そのままでも食べれるが、食卓上に三種の調味料が置いてある三区画の小皿があり、それを使う形式であった。前の客が使った後は味が混じるな、これ。塩と唐辛子の味はわかったが、もう一種類のシソのような風味のスパイスが何かわからなかった。

値段を聞かずに注文していたのでどの程度かわからなかったが、会計で聞いたところ

130アフガニと言われた。たった200円で、ケバブレストランで食べられるのか。ここカブール市内のド中心部やぞ。

にしてもかなり安い。都市間道路上にあるサービスエリアの値段を見ると、思ったより物価が安くないかもと思っていたが、普通に安かった。

アフガニスタンの銀行

現地通貨のアフガニは、国境と外務省職員に交換してもらっていたが、ほぼ使い果たしていたので手に入れる必要があった。

これから米国大使館に行く前にカブールの中心部を通るので、途中の銀行ATMでクレカが使えるか試したくなった。無理だったら持ち込んだ米ドルを交換するだけである。

シリアやイラン、北朝鮮などと違って、アメリカが大きな経済制裁をしていないので、金融システムは脆弱ながら、首都なら生き残っている可能性があった。

現に道路を歩いていると、店によってはVISAとMasterのマークが貼ってある。少なくとも共和国時代はクレカ国際ブランドが使えたようである。

まず両替商を数軒めぐり、１００米ドル札の交換レートがいくらか聞いてみる。８８００～８８５０アフガニ程度である。それを基に銀行に乗り込んだ。

普通の銀行は警護の傭兵がいて、いちいち手荷物検査をしなければならないようである。流石にまた面倒ごとは避けたいので、ただＡＴＭだけ置いてあるところを探す。Google Map上で調べてヒットしない場所にもあった。やはり、途上国ではググレカスが通じないようである。

ボディーチェックの必要なさそうなＡＴＭがいくつかあったので、クレカを挿してキャッシングができるのか試してみた。ものの見事に全滅だった。

後ろで見ていたおじさんが話しかけてきて、英語が流暢だったので聞いてみると、タリバン政権掌握以降、アフガニスタン国内で発行されたクレカしか引き出せなくなっているらしい。それも預金引き出し制限、外貨引き出し制限があるので不便な時代になった、とぼやいていた。

つまりタリバンによるカブール陥落以降、僕が持っているような海外クレカは使えなくなったらしい。まあ、順当といえば順当か。おとなしく両替所に行き、米ドルを300ドルほど交換した。米ドル高額紙幣はアメリカ国内では嫌がられるが、途上国では最強である。クレカが使えない国は100米ドル札を持っていけば安心だ。

いざ陥落の象徴、米国大使館前へ

現地通貨を手に入れ、色々準備が整ったので、本命のタリバン政権誕生1周年イベントを見に行く。タリバン政府当局は、国内の武装勢力による爆破テロを警戒してか、公式には1周年記念行事は行わないと発表していた。

しかし、市内中心部に近づくにつれて、タリバン特有の白い旗を閃かせたテクニカル車両や走行車両の数が明らかに多くなっていた。中心部近くには、共和国時代の省庁や各国の大使館がある。

去年の共和国政府陥落前に、ほぼ全ての国が自国民及び職員を撤退させて、もぬけの殻になっているはずであったが、どこも有刺鉄線、チェコのハリネズミ（防御用対戦車障害物）、検問、武装したタリバン兵士がおり、とても空っぽの建物には思えなかった。政府庁舎は占領して使っているだろうが、大使館はどういう扱いなのかよくわからなかった。

歩いていると、今回の第二次タリバン政権で廃止された女性省の建物が見えた。そう、普通に共和国時代の旗や壁の模様が残っており、遠目から見てもわかったのである。

ただ、よく見ると女性の絵柄の口の部分が黒塗りにされていた。

本当にニュースであったような絵を目の当たりにすると、なんとも言えない気持ちである。女性は黒塗りにされていたが、共和国国旗の部分は何も手が加えられた様子はなく、優先順位は低そうであった。

そこから米国大使館へと向かっていくと車両検問があった。流石にここは厳重である。米国大使館や旧アフガニスタン政府の庁舎、日本大使館はその先にある高い塀に囲まれたグリーンゾーン内にある。

車両検問所は、歩行者はゆるくあっさり通過できたが、M4カービンとPKM軽機関銃を担いで武装した二人のタリバン兵士とすれ違った。

さらに進んでいくと武装した兵士が増えてくる。数十m間隔で警備している。そしたら、遠くから爆音で車列が走ってきた。まるで終戦記念日の靖国神社近くの右翼街宣車のようである。

車に乗っている人たちは窓から身を乗り出し、旗を振り回し、福岡の成人式のようである。公式には1周年イベントやらないって言っていたけど、事実上やっているようなもんだな、これ。

道路上に立って警備している兵士も、車列が来るたびに手を振って喜びを分かち合っている。よくよく見ていたら、旗を振り回しながら爆走している車は、必ずしもタリバン戦闘員が乗ったテクニカル車両ではない。普通の乗用車に乗った市民も数多くいた。

タリバン政権に対して批判的な人もいれば、こうして賛同する市民も多いようである。

そうこうしていると人だかりができていた。どうやら旧米国大使館前の広場に着いたようである。ロータリーには数多くの兵士や市民が詰めかけていた。そこでは普通に市民がスマホで凱旋した車列を撮影していたので、僕も堂々と撮影できた。

格好は現地人と同じだし、周りの人も撮影しているので何も問題なさそうである。と思っていたら、外国人記者がタリバンに対して取材し始めた。そりゃそうだよな。取材するとしたら、ここか政府庁舎のどこかになるはずだ。

流石にここはタリバン一色である。交通量自体多いが、装甲車として使っていた車だけではなく、一般車両の窓を開けて旗を振り回す者や、ママチャリに二人乗りしてこれまた旗を振っている人たちまでいた。

たまに遠くから轟音と共に長い車列が来る。遠くからでも数十台の車両が連なって「アッラーの他に神はなし。ムハンマドはアッラーの使徒である」と書かれたタリバンの旗を掲げているのがわかる。この言葉をアラビア語で唱えることをシャハーダといい、イスラム教の五行のひとつだ。

音が近くなるにつれ、まじまじと見てみると、先頭車両は米軍から鹵獲した装甲警備車両のLenco BearCatである。その後続車には、銃から果てはＲＰＧを担いだ人まで乗ったテクニカル車が続き、その後ろはタリバン支持者と思われる一般市民の車両で、窓から身を乗り出し旗を振っていた。

すると、真ん中の離れ小島から一人の男が装甲車の前に飛び出した。見ると、記者証と思われる物を下げながらカメラを取り出し、車列を撮影しだした。その装甲車は８ｔあるし、はねられたら一発でお陀仏だぞと思いながら、ＡＦＰとかロイター通信でサムネに使われる絶妙なカットは、こうやって撮影されているんだなと知った。

そういえば、在カブールの米国大使館があるグリーンゾーン付近で有名なのは中村哲医師の壁画だったな。彼はアフガニスタンで大規模な灌漑を作ったりして現地人の生活を向上させて、現地人からは英雄的な扱いをされている。２０１９年に銃撃されて亡くなった時にはアフガニスタンの多くの人が悲しんだそうだ。

そういえば、渡航前に見たＡＦＰとかロイター通信の記事では、この絵が塗り潰されたとかなんとか。周辺をぐるっと見回して位置情報を確認してみると、背景の似た壁はあった。そして、確かに中村医師の絵は塗り潰されていて、下のように看板と桜の絵の間に「独立おめでとう」と、駐留米軍撤退を祝うメッセージが書かれていた。

中村医師の絵は米国大使館前のほぼ真正面の壁で消されてしまったが、桜の部分は少し離れていたのでギリギリ残っているようである。

海外メディアの外国人記者がこれだけいるなら、もっと大胆に撮っても問題なさそうだと判断して真ん中の広場に歩いて行った。現地人たちが柵から身を乗り出して寄って撮っているので、便乗して近くから撮影した。

タリバン旗を閃かせながら凱旋して回っている車は、こちらを見ながら歓喜の雄叫びを

上げている。テクニカル車の荷台に乗りながらインスタライブをやったり、Snapchatをやってる人もいた。服装は伝統的だが、兵器は旧式から最新式まで入り混じり、SNSを使っているところは極めて現代的である。

真ん中の島に行くと一人の男性が話しかけてきた。もしや日本人とバレたか？　と思っていたら、クンドゥーズからカブール行きのバスで同乗していた人だった。囲まれた時に二言三言話しただけであったが、この人も僕と同じくタリバン政権1周年記念パレードを見にわざわざ来たらしかった。

彼のせいで周りの人に日本人であることがバレ、近くにいるタリバン兵士数人にも気づかれたが全くお咎めなしだった。あれ、これ問題ないか。海外メディアが多数入っているからか、そもそも首都だけあって外国人を見慣れているからか。

どっちでもよかったが、とりあえずあまり気にしなくてもいいようである。写真撮影してスパイ容疑をかけられたらたまったもんじゃないから、余計な心配をしなくてよくなったのはありがたかった。

次から次へと来る車両をいろんな画角から撮影しようと歩き回っていると、次から次へと現地人が話しかけてきた。あれ、一人しか知られてなかったはずなのに、もうこんなにバレてるのか。

テレビ取材を受ける、謎のおべんちゃら日本人

人混みの中でインタビューをやっているのが見えたので、そこに行くとタリバンの広報官と思しき人に向かって女性記者がインタビューしていた。女性記者はヒジャブを着ていた。ニカブでもブルカでもなかった。ヒジャブは顔に巻くスカーフのようなもので、髪を隠すが口元は隠さないものを指している。ニカブは顔や髪を隠すが、目の部分はスリットが入っている。ブルカは顔全体をそのまま覆う衣装で目の部分は透かしになっており、内側から外は見えるが外からは見えないマジックミラーのようである。露出が減るにつれて敬虔な教徒がつけていることが多い。地域によって差があるので必ずしも信仰の度合いとは一致

しないが、保守的な地域ほど露出が減っていき、世俗的価値観になるほど露出が増えていく。外国人女性記者は、女性の権利を認める反タリバン姿勢からヒジャブを身につけているのだろう。

近くに行って聞いていると他にも外国人記者がいた。先ほどから現地人にバレており、話しかけられて会話しているうちに、その記者たちにも日本人観光客であることがバレた。するとと、「このタイミングで旅行しているのはなぜか。現在のアフガニスタンについて、どう思っているのかを是非とも取材したい」と聞かれた。イラクのシーア派聖地でイスラム法学者に謁見して、その後テレビ取材を受けた時以来のインタビューである。面白いし、記念になるので引き受けることにした。

カメラが回る。周りには百人以上の人だかりができていて、全視線がこちらを向いている。まずは自己紹介を始め、日本人であり観光ビザを取得し、このタリバン政権1周年のタイミングを見計らって入国したことを話した。

次に、現在のアフガニスタンやタリバン政権について問われた。「日本もアメリカと戦ったことがある。アフガニスタンのことはアフガニスタン人が決めることであり、外国人が決めるべきではない。内政干渉はいけない」と答えておいた。

個人的に、タリバン政権と反タリバン派のどちらにも与するつもりはなかったが、少し反米思想が出てしまった。まあ、どちらにせよ周りにいるのはタリバン支持者ばかりなので、おべんちゃらを言っておいた方が便利である。

インタビューを終えると、女性記者から改めて詳しくインタビューしたいので連絡先を交換できないか、と言われた。その場では了承したものの、こちらとしても旅程の遂行が最優先なので、後日スケジュールを提示されたが断った。

一人からテレビ取材を受けると、また別のジャーナリストが取材を申し込んできた。中国人とパキスタン人の組み合わせだった。同じような質問に答えるだけでよかったので答えておいた。

それにしてもイラクやらアフガニスタンやら、旅行者があまりいない国に行くたびにテレビ出演してるな。日本では一切出たことないのに。

インタビューに二度答えた後、周りにいた現地人たちが僕と記念撮影したいと次から次へと集まり出した。車列の写真撮影をしながら、手が空いたらいいよ、ぐらいのノリで写真撮影に応じていた。

兵士の中にも僕と写真を撮りたがってくる人が多かった。ただ全員がそういうわけではなく、一度撮影したい人が増えすぎて群れた時に、一人の兵士が寄ってきて一発ぶん殴られた。痛えな、と猛抗議したら周りに止められた。いや、殴るなよ。

写真を撮りながら歩いていると、タリバン兵士の一部が音楽をかけながら路上にて輪になって踊るところに遭遇した。タリバン政権って音楽とかダンスとかを禁止する声明出してなかったたっけ、と思いながら見ていた。

タリバンが1996年から2001年まで政権を握っていた頃は、娯楽が禁止され、音楽もダンスも禁止されていた。今のタリバン政権は音楽を禁止にしてはいるものの、最初の政権の時と比べるとゆるく、タリバンが歌ったり踊ったりする様子がメディアに公開されている。一方で、歌っていた人をタリバンが銃撃して死亡者の出る事件が起きたという報道もある。まあ、今回は死ななかったからいいか。

兵士たちの踊りは、運動神経が悪くてダンス経験もないようなぎこちない動きであり、やはり普段から踊ったりするという文化風習は存在していないことを窺わせた。

僕の大好きなシーシャ

色々見たいものは見れたし、撮れ高的にも十分満足した頃には夕暮れになっていた。そして帰り道にシーシャ屋へ行った。僕が中東・ペルシア文化圏に興味を持つきっかけになったのは、このシーシャである。今の日本ではかなりカジュアルな感じになってしまったが、薄暗いちょっとアングラ感と、紙タバコとは違った美味しさにハマった。

店は市内中心部にあり、シーシャの絵は描かれているものの、入り口の見た目はライブ会場みたいに分厚い鉄の扉で、前には銃を持った警備員が二人いた。

厳つい見た目をしていたが、内装自体は至って普通だった。中東と違ってシーシャを吸う人をあまり見かけなかったが、店内は盛況であった。味は、トルコやその他中東でも吸えるようなオーソドックスな味である。ただ他の国と違うのは、あまり外から見えるような場所に店舗がない点である。カフェというよりは、クラブのような閉鎖性のある場所がほとんどであった。他の中東イスラム国家と比べるとあまり普及していない。

そもそもアフガニスタンではタバコ自体吸っている人が少ない。タバコが格別に高いわけではなく、紙タバコ自体は50~70アフガニ程度で買える。輸入品なので少し高い程度だ。ただ、スヌースと呼ばれる嗅ぎタバコはそこそこ見かけて、喫煙者の中では割と一般的だった。現地人曰く、ぶっ飛ぶやばいものらしい。

とはいえ、喫煙者自体そんなに多くなかったので、海外ではよくタクシーでもらいタバコをするが、アフガニスタンでは渡されることもあまりなかったし、ご飯を食べる時に副流煙を嗅ぎ続けることもなかった。基本的に、発展途上国へ行くほど喫煙率は高くなる傾向にあるが、アフガニスタンの場合はそうではなかった。そしてタリバンたちに至っては全くタバコを吸わない。酒を飲まないのは当然のことだが、タバコも吸わないのには非常に驚いた。シーシャを吸いたいから店を教えてくれ、と聞いたら「シーシャは体に悪いからそんなもの吸うのやめなよ」と嗜《たしな》められる始末。それでも僕はやめない。好きだから。

彼らは本当に嗜好品と呼ばれる物のほとんどを使用することがないようである。

シーシャを吸っていると停電した。時間にして20分ほどであろうか。外も真っ暗だったので市内一帯が停電していた。停電するとWi-Fiも冷房も停止するので非常に暑かった。その後も何回も同じようなことが起こったので、市内の電力インフラはあまり良くないように思われる。

インターコンチネンタルや政府系ホテルはこんな頻度で停電しなかったので、自家発電機を所有して対応しているのだろう。貧しい国に行くにつれて、色々なものがなくてもある程度は気にならなくなってくるが、電力インフラが脆弱だとあまりに不便すぎる。自らがいかに普段文明を当たり前に享受しているかを思い知らされる。

夜ご飯をホテルで食べようとタクシーに乗ろうと考えていたら、店の人が親切にも値段交渉してくれた。タクシーに乗りながら市内を撮影していたら「もうすぐ検問があるから撮るな」と言われた。

節目の日で、テロを警戒して検問も厳しくなっているかと思ったが、あっさり通った。そこまで厳密に取り締まったら渋滞が起きるのをわかっているのか、ただ単にやる気がないだけなのかゆるかった。

タリバンの歴戦の戦士

ホテルのレストランから部屋に戻ろうとする時に、ホテルのロビーでタリバン兵士たちが5人ほど集まっていた。彼らは僕に気がつくと手を振って、こっち来いと手招きしてきた。見ると検問の時に見かけたタリバン戦闘員であった。「今度はなんの容疑だ？　また連行？」と正直疲れているので、かなりめんどくさいなと思っていたが、ニコニコ早く来いとせかしてくる。

宿泊しているホテルで面倒ごとは避けたいと思ったので、仕方なく近づくとこう続けた。

「君は英語もペルシア語も話せるでしょ？　この若者たちにもどうやって言語を習得したか教えてやってくれよ」

よく見るとテーブルの上には英語の教材が並べられていた。なるほど、少なくとも連行されるわけではないらしい。ひとまず安堵した。

言語、特に会話の習得方法における持論を話した。

「会話は場面によるパターンがあって、そのパターンを繰り返し反射的に言えるまで叩き込む。特に君たちタリバン兵士がやろうとしていることはホテル業務なわけだ。すると必要なことはまず挨拶、それから予約の管理や受付、精算、案内などある程度絞られてくる。まずはこのパターンを優先して覚える。その後にもっと深掘りするようにすると効率よく学習できるし、小さな達成感が得られるのでモチベが維持しやすい」

その場にいた英語ができるこの場のボスに当たる人が、感心したように頷く。

「確かにその方法はわかりやすいし、付け焼き刃でもある程度はできるように見せられるな」

そして、その場にいた生徒の兵士たちに通訳し始めた。

彼らは英語学習に苦労しているのか、真面目に聞いていた。目の前にあった英語のテキストを見ると内容は中学生レベルと、初歩の初歩といった感じであり、ここから勉強するのは大変そうであった。

まあ、そんな感じで上から目線でアドバイスしたけれど、パシュトー語とダリー語のバイリンガルが多く、場合によっては、さらにウズベク語とかウルドゥー語とかができる人がいる世界に住んでいるわけだし、英語ぐらいなんとでもなりそうであった。

その後ボスからの要請を受けて英会話の相手をしてあげていたところ、M4カービンを背負ったおじいちゃんの兵士が来て空いている席に座った。これまた米軍の鹵獲トランシーバーで連絡を取り終わると、話に混ざり始めた。

彼は、このインターコンチネンタルホテルの警備責任者であった。ソ連のアフガン侵攻時から戦っていたタリバンの司令官であった。え、まじ？？？　ムジャーヒディーンの生き残りがいるの？

タリバン兵士の平均年齢は非常に低い。9・11の同時多発テロを受けたアメリカがアフガニスタンを侵攻した時に、タリバン自体が一回ほぼ壊滅状態になった。かなりの数が死んでいて、軍司令官もアメリカ軍の空爆やら無人機攻撃を受けたりして殺されてしまっている。冷戦期に起きたソ連のアフガン侵攻時から生きているとしたら、歴戦の兵士としか形容できない。

見た目は柔和そのもので、すごくいい人そうなおじいちゃんである。ただ、時折見せる眼光の鋭さは猛者そのものであった。過去数十年、人生の大部分を戦争・内戦から生き延びてきたその生き様がまざまざと現れていた。

持っていたＭ４カービンも、ＡＣＯＧスコープやＡＮ／ＰＥＱレーザーサイトだけじゃなく、Ｍ２０３Ａ２グレネードランチャーまでついている。下っ端兵士だとそこまで付属装備がついていないので扱いが違った。

歴戦の司令官に会えたこともそうだが、この銃を持った写真を撮りたくなった。そこでお願いしてみると、弾倉を外した状態で撮らせてくれた。まじか、やったぜ。最初に連行されるかもと疑って悪かった。これはいい記念である。

色々話せたし記念写真を撮れたし、ありがとうと言うと、今日はわざわざありがとうとお礼を言われた。有意義な時間を過ごせたのでこちらこそであった。

この日は早朝カブールに着き、軽い昼寝をした後ずっと動きっぱなしであったので、部屋に帰ると気絶するように爆睡した。

アフガニスタン国立博物館　～アフガニスタンの歴史に触れる～

次に行きたいところはアフガニスタン国立博物館だった。

外から聞こえる爆音と共に目が覚める。何事かと思って外を見ると、軍用ヘリがホテル上空を通過していった。朝10時40分頃であった。

見ていると、カブール国際空港から飛んできたヘリコプターの編隊が3機、3機、4機、1機と南西方向に5～10分間隔で飛んでいった。アメリカ軍が置いていった軍用ヘリってまだ運用できているんだ……。

タリバン軍は、旧式の銃やら、砲弾や対戦車地雷を組み合わせた即席爆弾IED、車載爆弾といった武器で非対称戦争を行なってきた軍隊である。正規兵のような訓練は受けておらず、米軍から鹵獲した兵器も、小火器などを除いて運用できなくなる可能性が高いとニュースでは読んでいた。

だがしかし、軍用ヘリの編隊を見る限り、10機以上を運用できる人材もノウハウも持っているようであった。色々驚いている間に脳みそが覚醒してきた。とんだ目覚まし時計である。

とりあえず、朝シャンを浴びる。が昨日と変わらず湯がぬるい。電気もネットも問題なく使えるし、鉄板でできた扉のセキュリティー度合いとかは流石といった感じであるが、お湯の出は微妙だった。標高1760m地点にあるカブールの朝としては少し肌寒かった。

そういや、カブールの水道水って飲んだ感じかなり美味しいな。世界最貧困レベルとは思えない味だな。もしかして山の水でも引いてきているのか？　いつも限界旅行をするたびに、その当地の生水を飲んでどこまで自分の胃腸を壊さずにいられるか試していた。

後から知ったことだが、カブール市内の浄水施設は日本の援助金と技術によって作られていたらしい。どうりで美味しいわけである。普通にそこらの屋台で売られている水よりいいのでは。

また伝統服に着替える。慣れてくれば意外と快適な服装であった。最初のクンドゥーズの日差しの強さにも、カブールの肌寒さにも対応できていた。支度を終えるとホテルのフロントで荷物を預かってもらい、タクシーを捕まえて「アフガニスタン国立博物館」に向かうことにした。

博物館は高い壁に覆われており、入り口がすぐにはわからなかった。まるで刑務所のようである。タクシー運転手のおじちゃんも初めて来たらしく迷っていた。

ぐるっと一周すると、途中に暇を持て余したタリバン兵士たちがだべっていた。あそこが入り口だな。

入り口で手荷物検査、ボディーチェックをされるが、兵士たちはあまりやる気がなさそうである。それより、珍しい外国人観光客への興味の方がありそうであった。

入場チケットは中で買えると教えてもらい、中庭を歩いていく。途中の建物に受付があり、値段が書かれていた。入場料自体は100アフガニで、写真撮影料が200アフガニ。こういうパターンきたか。安いしいっか、と思いながら払おうとすると、動画撮影はダメと言われた。は????

めんどくさい仕様にするな。写真も動画もたいして変わらんやろ。だったら2倍でも3倍でも払うから、と交渉したが無駄だった。まあ仕方ない。こっそり撮ればいいや。

博物館本体に入ると、アカンサスで特徴的なコリント式の柱頭の残骸が置いてある。

そう、アフガニスタンはアレクサンドロス大王時代に征服され、グレコ・バクトリア王国というヘレニズム国家が築かれた。

その影響下で、アフガニスタンにもギリシア様式の遺跡が残っているのだ。いかにアレクサンドロス大王が偉大な征服者であったかが窺える。

そこで現地人のおじさんに話しかけられた。自己紹介を済ませると、「是非ともアフガニスタンでの旅行を楽しんでいってほしい。僕にできることはないか？」と申し出を受けた。

博物館は一人で見たいし、この後バーミヤンの遺跡を見るためにカブールから移動しようと考えていたので丁寧にお断りしておいた。

その時、バーミヤンの遺跡の縮小レプリカらしきものが入り口の真横に置かれているのを見た。

仏像を破壊したタリバンの管轄でもこれを残しておいて大丈夫なのか不安ながら、あまりに堂々と入り口付近に鎮座していて笑ってしまった。

さらに進んでいくと、アラビア語で書かれた器や碑文が展示されている。イスラム王朝時代のものであろう。神がムハンマドに伝えた言葉を書いた聖典「クルアーン（コーラン）」の一節と思しき文章が書かれている。

2階に上がると、アフガニスタンの民族衣装が展示されていた。それにしてもさっきから、改修工事に入っている業者みたいな人と、タリバン兵士と、一応見回り要員のおじいちゃんがほとんどで、一般の鑑賞者はいないな。やはり博物館を見る文化がないのだろうか。

そんなことを考えながら衣装を見ていると、見回り要員のおじいちゃんが手招きしている。何かと思って近づいてみると、椅子に座ってご飯を食べている。ほれ、とジェスチャーでパンを渡してきた。食べろ、ということらしい。

ありがたくいただくことにして食べる。やはりここでも肉はなかった。ゆで卵が金属ボウルの中に入っており、それと一緒に食べるらしい。一応タンパク質ではあるな。食べてみたがかなり固茹でだった。これは12～13分は熱が入っているな。

一枚食べ終わってお礼を言って席を立とうとすると、もう一枚食えみたいな仕草をしてくる。袋からパンを取り出そうとすると袋の中には6～7枚パンが入っている。これは断らない限り、無限に出てきちゃうやつだ。ごちそうさま、と言って固辞して手を振った。

3階に上がると、仏教関連の展示があり驚いた。このアフガニスタン国立博物館の収集品自体は共和国時代に整備されたものだろうが、昨年タリバン政権に取って代わっているので、中身の処遇もタリバンの手中にあるはずである。

つまり彼らの管轄下にありながら残されているのだ。バーミヤンの遺跡を爆破していたイメージからすると、破壊しないまでもすでに撤去されているかと思った。訪問者が見れる場所に展示したままなんだな。

文化的・歴史的遺跡破壊行為、ヴァンダリズムは許せないので、第一次タリバン政権の時と対応が変わっていたことにホッとした。

一つの部屋に入ると、職員らしき現地人が話しかけてきて案内を申し出た。断る前にスタスタ歩き始めた。展示品の一つを指差すと、このショーケースは日本が支援してくれた物なんだ、と言ってマークを見せてくれた。日本の国際支援やＪＩＣＡ（国際協力機構）等の公的支援であろう。こんなところに痕跡が残っているんだな。

その他の展示物には、各時代の記念貨幣やアフガニスタン王国時代の武器、聖書アラビア書道などがあった。

そんな中、展示物がないか歩いていたら、廊下の端の使われていない荷物置き場に中国語の書かれた箱が置いてあった。どうやら中国政府も関わっているらしい。

一通り見たので外に出る。国立博物館といっても、長年の内戦で遺跡発掘作業がそこまでうまくいっていないのか、規模はかなり小さめである。日本だったら地方自治体が運営しているような規模だ。タリバン政権が誕生したことにより、不発弾の脅威はあるものの、衝突が起きることは少なくなるだろうから、これから進展が見られることを期待したいと思った。

タリバン嫌いのタクシー運転手

アフガニスタン国立博物館を出ると、門番のタリバン兵士のお出迎えである。いつも通り挨拶をしていたが、そこにM16があり、僕はその写真を撮れないかどうかソワソワしていた。話しかけられたので、一旦は博物館の内容を見れて良かった等、当たり障りのないことを話して間を持ち、話が途切れたタイミングで打診してみた。そしたらあっさりＯＫが出たので写真を撮らせてもらった。

目的を達成したので、博物館を後にした。歩いていると喉が渇いたのでエナドリのHAPPYを買う。値段交渉して現地人ではないことがバレないようにしようと、カブールへ行く時のサービスエリアで買った時と同じく、１５０アフガニを出すと怪訝そうな顔をする。

後から知ったことだが、サービスエリアの価格がだいぶ足元見られていただけで、実際は30アフガニ程度が相場らしい。相場の5倍近くの値段を払う謎の人間であったようだ。確かにそれは怪訝な顔をするだろう。

次は、カブールにある名物博物館の地雷博物館に行くことにした。この後向かうバーミヤンの遺跡周辺は、地雷の不発弾の多発地帯として有名である。入国前に、アフガニスタンに落ちてる可能性のある地雷の種類は一通り暗記していたが、実物は是非ともこの目で見ておきたい。

タクシーを捕まえて乗り込む。行き先を告げると、運転手のドライバーは突如英語で返答してきた。ホテルの職員やタリバンの外務省職員で英語が喋れるのはまだ理解できる。だが、文字すら読めない文盲ドライバーを数多く見てきたので、これには驚いた。

話を聞いていると、アフガニスタン共和国時代に米軍相手に商売していたらしい。その関係で英語がペラペラなようである。

「タリバンについてどう思う？　タリバンはクソだ」

答える前に彼は続けた。

「タリバン政権下になってからあらゆる環境がガラっと変わったし、規制が厳しいし経済も振るわず日々その日暮らしをしている」

次々に罵倒し始めた。

思いっきり体制批判をしだすので笑ってしまった。そんな普通にタリバン政権批判をして大丈夫なのか、自分の身すら心配になって問うてみた。

「大丈夫。大丈夫。あいつら英語聞いてもわかんないから」

クンドゥーズからカブールに行く時のバスに乗っていたハザーラ人の話を聞いた時もそうだったが、体制批判する時は英語を使っていた。

あー、英語ってそういう使い方があるのか、と少し感心しながら、彼の話を聞いていた。

「タリバン政権になってから非常に景気が悪く、日々稼いだお金はその日に消えるような生活になったんだ。共和国時代は素晴らしかった。アフガニスタンに駐留する米国含む連合軍の人たちは金払いがとてもよく、チップを弾んでくれてちゃんと暮らせた。でも、タリバン政権になってから色々規制が厳しくなったり弾圧されたり、嫌な世の中になった。自分も外の世界に亡命したいと考えている。だけど日々の暮らしに精一杯で、移民するほどのお金がない。君は日本人だろ？　助けてほしい」と言ってきた。

助けてくれと言われてもどうしようもないので、適当に「いいよ、わかった」と無責任な返事をして流していると、渋滞に捕まり、いっこうに進まなくなった。

都市中心部の方が空いている。屋台が立ち並ぶ場所はタクシー、市内バスが大量にいるので混雑が激しい。それにしても、地方都市で一般的なリキシャは、カブールでは全く見かけない。バスや乗合バンは、インドやパキスタン等で見かけるようなゴテゴテした装飾で、そこから流れているようである。

聞くところによると、場所によっては道が狭く屋台の荷車が道を塞ぎ、車は車でみんな追い抜かそうとするので渋滞が酷いようである。

質問をいくつかしようとしたが、そこからはまた「助けてほしい」と懇願するだけで、会話が成立しなくなってしまった。渋滞、早く終わってくれないかな。

20分ぐらい同じ話をされて流石にうんざりしてきたので「このまま渋滞に捕まっていると目的地着かないし、場所は1km程度だから歩くわ」と理由をつけて降りることにした。

タリバン批判を聞けたのは非常に面白かったので、相場の2倍強ぐらいの1000アフガニ支払っておいた。

「なんかごめんね。地雷博物館から別のところ行く時も送ってあげるから博物館の前で待ってるね」と言う。どうやら気に入られてしまったらしい。「いや、そこからは市内観光で街歩きしたいから、待たなくて大丈夫だよ。ありがとう」と言ってスタスタと歩き始めた。

地雷博物館　～米ソの残した暴虐の痕～

地雷博物館に着く。高いコンクリート塀に土嚢《どのう》で防御した監視塔。博物館自体が要塞のようである。入り口には車両用の門番がおり、その先にさらにもう一つ鉄板でできた門がある二重構造であった。

一つ目の車両検問のところで門番に話しかけ、地雷博物館を見学したい旨を伝える。警備の兵士はびっくりした様子でまじまじと見てくる。どうやら観覧者はほとんどいないらしい。無線で来客の旨を伝えるとボディーチェックである。どこの博物館も客あまりいないのに警備だけ厳重だし、相当人余ってるよな、これ。

一つ目の門を抜けると二つ目の門へ向かうように案内される。それに従って二つ目の門の前に来ると、隣にあった警備員用の待機部屋に通される。そこからお金を払うかと思ったら、またボディーチェックをされる。二回もするの？？？　もしかして僕テロリスト扱いされてる？

仕方なくもう一回検査されると、ここ地雷博物館に来た目的を尋ねられる。え、博物館を見たいからっていう理由じゃだめなの？

この国は観光という概念自体がかなり希薄で、ただ興味があったからという軽いノリで観光するというのが理解されない。時にもっともらしい理由を考えなければならない。

というわけで「ソ連やアメリカのアフガニスタンの人々に対する卑劣な虐殺の歴史を見にきた。日本はアメリカと戦争で負け、ヒロシマとナガサキでは何十万人もの人々が虐殺された。ソ連には満州等で誘拐され抑留された。彼らの残虐さをこの目に焼きつけたい」というような理由をツラツラと述べたら「素晴らしい、彼らの暴虐を見ていってくれ」と満面の笑みで招き入れられた。どうやら合格したようである。やったぜ。

中に入ると高齢のおじいさんが出てきた。ガイドをするからついてこいと言われた。ガイドは要らないし、一人にしてほしかったので断ったが、これが規則だという。まじかよ、国立博物館じゃそんな規則なかったぞと思い、さっきの警備員に確認するが、どうやら中の鍵を持っているのは彼なので従うしかないようである。

まあ、一人でじっくり眺めたいが、どうせ全員暇そうだし気を遣わず好きなように見るか、という心算でいた。

建物に入ってすぐ目の前に、クラスター爆弾の親爆弾の残骸が陳列してある。地雷博物館という名前だが、ここ40年で使われた米ソの兵器博物館って感じである。

案内のおじいちゃんが手招きして、鍵開けるから建物内入れ、と言ってきた。あれ、そういやこの人も英語喋れるな。このおじいちゃんは多分タリバン制圧前からずっと外国人観光客相手にガイドしていたのか。気になって聞いてみると15年ぐらいやっているらしい。警護の兵士が若いタリバン戦闘員で固められているなか、一人だけ歳をとってるわけだ。

おじいちゃんが倉庫の鍵を開けると、大量の銃や地雷、迫撃砲の砲弾がずらっと並んでいる。動画を撮ろうとしたらダメだと言う。写真を撮影するなら20ドル寄付しろとのこと。アフガニスタンでそんなにするのおかしいだろ、平均年収の4%じゃん。

国立博物館でも200アフガニが撮影料だったし、流石にバカにしすぎだろ。抗議したら半額になった。だいぶいい加減だが、相変わらずふっかけられたような値段である。あとは100ドル札の大きい額面しか持ってない、アフガニも750しか入ってないと財布を見せたら引き下がった。普段からお金を分散しておいた甲斐があった。


彼は諦めて案内し始めた。それにしても、地雷の数は途方もない。この博物館は、アフガニスタンで使われた53種類の地雷のうち、51種類が収集・展示されているとのことである。

僕が一番見たかったのはバタフライ地雷。悪魔の兵器として悪名高いPFM－1である。ソ連製の地雷で空中から散布し、その特徴的な形状により紅葉の種みたいに拡散する。

この地雷は、作戦終了後に回収しやすくするため目立つように着色されたが、子供がおもちゃと誤認して数多くの犠牲者を出した。毎年1000〜2000人と、他国を圧倒的に引き離す不発弾の犠牲者を出している一つの原因である。

実物を見ると確かにおもちゃである。僕は子供の頃に拾い癖があったので、アフガニスタンに生まれていたら自分も死んでいたのだろうな、と改めて平和な国に生まれたありがたみを知った。

ここで一番驚いたのが、自爆テロリストが着ていたベルトである（巻頭カラー9ページ）。自爆テロで数十人が死亡したニュースを見るたびに、人間が持ち運びできる爆弾たった一発でそんなに死ぬのを不思議に思っていた。

その答えがここにあった。ＢＢ弾とパチンコ弾の中間ぐらいの大きさの金属球を、服の形になるように樹脂で固め、爆弾を腹に巻いた上にそれを着ていたのだ。

構造が対人地雷クレイモアである。こんな鉄球が爆風と共に飛んできたら、そりゃ周りの人間は蜂の巣になって死ぬわけである。科学技術や資本力で圧倒的な差がある旧ソ連やアメリカに対して数十年わたり合ってきただけあった。

それにしても、タリバンの自爆テロリストから押収したであろう自爆テロベルトが、アフガニスタン統一以降、この地雷博物館に残されているのが不思議である。もう建物自体タリバンが警護しているぐらいだし、彼らからしたらある意味負の歴史である。

第二次タリバン政権誕生から1年しか経っていないからまだ残っているだけで、いずれは撤去されそうな代物であった。

そのほかにも戦争で使われた不発弾だけではなく、ペン型爆弾などスパイ映画に出てきそうな兵器が陳列されていて色々驚いてしまった。

一通り見終えると、階段を上るように促さ

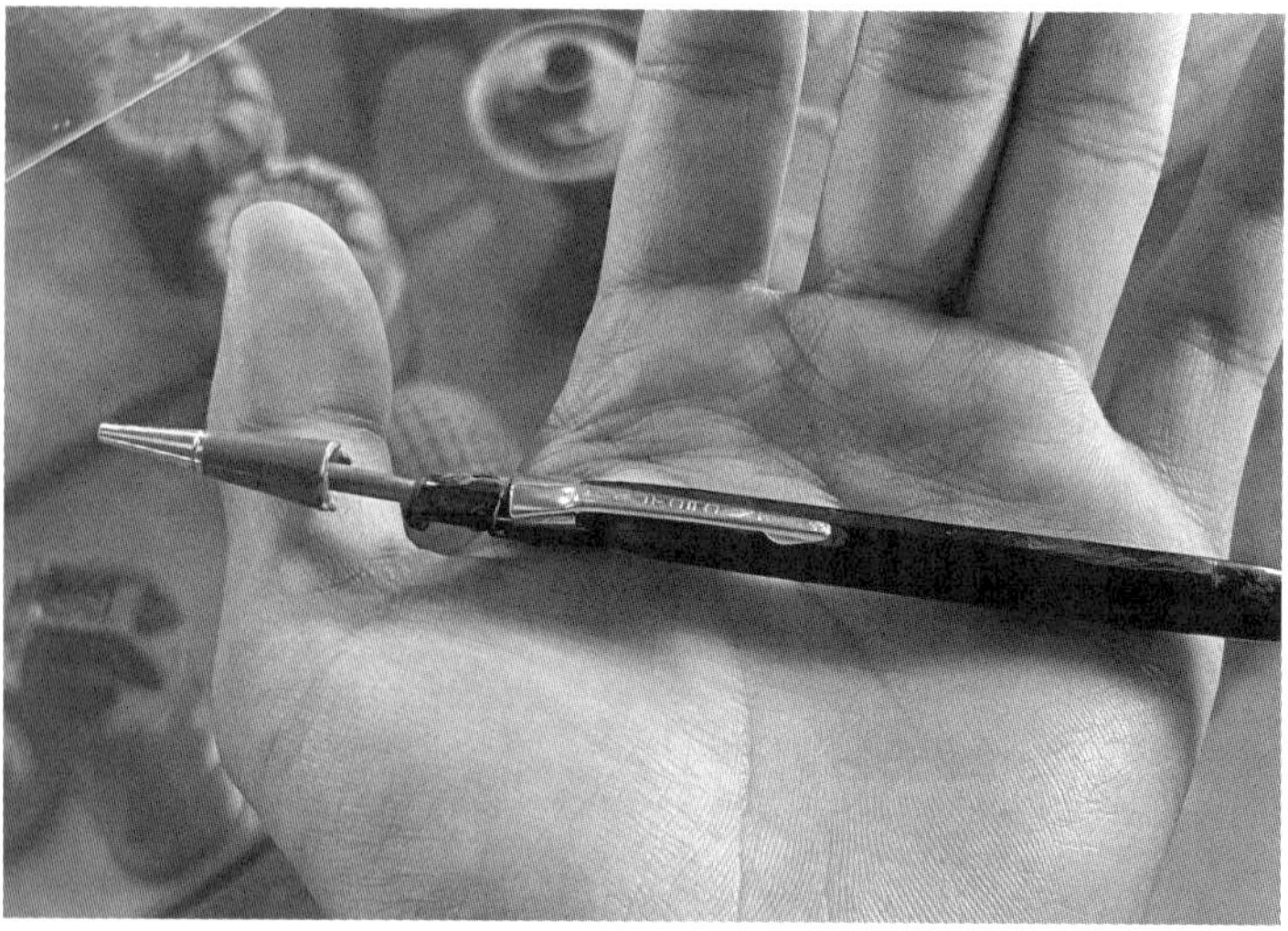

れる。上は航空機Ｙａｋ－40をくり抜いて倉庫の天井と合体している。Ｙａｋ－40は席数が30しかないが、小型で不整地でも運用できるということで、燃費や騒音を気にしない東側諸国でよく使われた短距離旅客機だ。ソ連のアフガン侵攻後に鹵獲されたのか。

中に入ると、そこは地雷や迫撃砲の不発弾の危険性を啓発する施設となっていた。ポスターや教育用のテレビがあり、学生や子供が来た時に地雷の見分け方や、入っちゃいけない場所が簡単にわかるようにまとめられていた。

ポスターによると、対人地雷やクラスター爆弾の不発弾といった、一番危険な地域には赤色の石が、対戦車地雷や迫撃砲の不発弾といった、暴発はしにくい不発弾が残っている地域には青色の石が、全ての爆弾や砲弾が撤去され安全に歩けるようになった地域には白色の石が置かれている、と書いてあった。

入国する前にこの情報は確認しており、実際にそんなふうにエリアが分かれているのか気になっていたが、一回も見ていなかった。そのことを伝えてみたら、場所によってはあるらしいが、アフガニスタンはかなり広いので、ある場所とない場所があるとのこと。

カブールとクンドゥーズ、マザーリシャリーフを結ぶ幹線道路は過去、「トイレに行きたくなっても道路脇を歩いてはいけない。不発弾や地雷があるから」などと言われていて、そこならこの石を見れるかと思っていたがなかった。バーミヤンの遺跡一帯も未だ不発弾が多いと聞いているので、この後行く時にないか探してみるか。

これでどうやら建物内の収集品は終わりのようなので、外に出て野外に飾ってある装甲車やミサイル、戦闘機を見る。ここにあるのはSu－7とかMi－8とか、かなり旧式のソ連製戦闘機である。もっと新しい装甲車やヘリを見たいなら、カブール市内を歩いた方がいいといった具合であった。

これで一通り見回った。カブールに来たらこの博物館は是非訪れたいと思っていたが、想像以上の収集品で満足度は高かった。おじいちゃんガイドと別れて入り口に戻る。警備員の彼が感想を求めてきたので、見たいものを見れたことと、最初に答えたような米ソの非道について糾弾したら満足げであった。

外に出ると、行きに乗っていたタクシーが待っていた。チップを多めに払って気に入られてしまったらしい。が、ここからは市内を歩いてホテルまで帰るつもりでいる。さっきも言ったように歩くからあなたの期待には応えられないと答え、スタスタと歩き出した。尚も彼は食らいついてきたが、一方通行のところがすぐ近くにあったので無事撒いた。

バーミヤンの遺跡に行く前に両替がしたかったので、街中に両替できるところがないか探しに行った。政府の施設が立ち並び、コンクリートの高い壁に囲まれている市内中心部近くには、両替商がたくさんあった。そこで無事両替を済ませた。

その後、街中心部を散歩兼市内観光がてら歩いていると、タリバン兵士の目の前を通過した時に呼び止められた。

え、僕なんかしたっけ？　また連行される？　そもそもカブールに来てから今まで一回も呼び止められてないから、擬態成功したと思ったのになんだ？？？

街中を撮影しているのがマズったかなと思ったが、あくまで何も知らぬ存ぜぬという気持ちで応対することにサッと決めた。

そしたら全然違った。おとといの米国大使館前で僕と話したことのあるタリバン兵士であった。また歩いているのをたまたま見かけちゃったから呼びかけてみたとのこと。なんだ、焦ったわ。

そのタリバン兵は、ここのスウェーデン大使館の警備を任されてるとのこと。上司に紹介したいということで、お茶飲みながら待っててと言われ、しばし歓談である。

上司は後ろの駐屯所らしき場所にいたのですぐ出てきた。記念に写真を撮ろうということで記念撮影した。

「夜ご飯に招待するから食べない？」と聞かれたが、残念ながら次の予定があるから無理と答えたら非常に残念そうだった。

この後、別のところに行かなければならないとのことで連絡先を交換していたら、大使館前にテクニカル車両がつけ、荷台に兵士が四人ほど乗っていくとあっという間に走り去っていった。

お腹が空いたのと、前回訪れたケバブ屋の近くまで来ていたので、二人前頼んでお腹を満たしホテルへの帰路についた。

CHAPTER 5 Five

破壊されたバーミヤン遺跡と手付かずの大自然

ハザーラ人への擬態

さて、アフガニスタンの文化遺産・歴史遺産観光で、メインかつ一番有名なものといったらバーミヤンの遺跡であろう。

預けた荷物を回収しにインターコンチに戻る。バーミヤンの遺跡方面へのバス、タクシー乗り場の位置とタクシー代を聞き、準備万端となった。タクシーを捕まえようとしたら、少し待てるならこちらで手配してあげるよ、とのこと。値段交渉はめんどくさいのでご好意に甘え、少しばかり待つことにした。

15分ほど待つと、ホテルの前までタクシーが来てくれた。交渉や歩く手間が省けたのでありがたい。タクシーに乗りこみ、目的地まで10分ほど走ると、乗合バンや乗合タクシーが多く集まる場所に着いた。

乗っていたタクシーの運ちゃんが「バーミヤン方面の乗り場はどこか」と聞いたら、信号を越えた反対側の車線とのこと。まじか、現地人のタクシーでも有名路線の乗り場の位置を知らないのか。

これは後から知ったことだが、アフガニスタンのカブール市内のバス乗り場は複雑だ。バス乗り場自体が複数あり、同じ場所に行くとしてもバス会社によって乗り場が別で、一個決まった場所にあるわけではないらしい。バーミヤンの遺跡やバンディ・アミール湖があるバーミヤン方向への乗り場も複数存在しているようである。そのため、人によって答えが違ったり曖昧だったりする。

もう一つの要因は、移動の自由が存在していないので、生まれてこの方、自分が生まれた街から一歩も出たことのない人が大勢いる。これも得られる答えを曖昧なものにしている。僕みたいに飛び回っている旅行者の方がよっぽど、他の都市への行き方に詳しい可能性すらあった。これまた日本の感覚とは隔絶している。

こうして何度もバーミヤン行きの乗合タクシー乗り場の位置を確かめていると「バーミヤン！　バーミヤン！　バーミヤン！　バーミヤン！　バーミヤン！」という大声が聞こえ、

ようやくそれと思わしき乗り場を見つけた。地図を見ると、アヘンとヘロイン中毒者の溜まり場として悪名高いプルエスクタにある橋付近であった。

酒が消滅して手に入らないこの国で、簡単に手に入るのがアヘン・ヘロインである。世界で流通しているヘロインの90%がこの国で生産されているといわれており、タリバンの重要な資金源となっている。

プルエスクタの橋をはじめとして、ヘロイン中毒者が集まる場所がカブールに何箇所かあり、僕も何回か近くを通ったが、泥の混じった腐敗臭がして最悪な光景だった。定期的に摘発されるらしいが、街中にラリった薬物中毒者がいるので普通に手に入る。そう、この国では酒は手に入らないもののアヘンやヘロインは簡単に手に入るのだ！！！

どんな国だよ……。


混沌とした雑踏の中にバーミヤン行きのタクシー乗り場はあったが、明確に区画が決まっているわけではなさそうである。路駐と奥にある駐車場にタクシーがあり、発展途上国にありがちなタクシー駅という雰囲気ではなかった。本当に人混みの中にあり、これでは簡単に見分けがつかない。現地人の返答が曖昧だったのを理解した。

兎にも角にも見つかったので、声を張り上げているドライバーらしき人に、バーミヤンに行きたい旨を伝える。ここからが価格交渉タイムであった。何人も声を張り上げているので片っ端から値段を聞いていく。

ここでも、最初にクンドゥーズからバスに乗った時と同じように、特に価格を高額にふっかけてくることはなかった。やはり観光客がいない地域だとこうなるのだろうか？　職業差別発言にはなるが、少しでも外国人観光客がいるところだと、世界中のほぼすべての場所で相場の2～5倍の値段をふっかけられたり、値段交渉をすると、伝えた目的地と別の場所に連れて行かれるなど、基本的にいい思い出がない。

色々話を聞き、事前に得た情報と照らし合わせると、バーミヤンまでは一台2000アフガニ（大体3000円）で、四人で乗ると一人500アフガニであった。思ったより値段がした。日本人の感覚からすれば、タクシーに相乗りしたとはいえ、200㎞移動してこの値段は破格であるが、ここはアフガニスタン。世界でもトップレベルの最貧国であり、人件費などほぼないようなもんである。そう考えると、思ったより高いなと感じた。

どうやら僕が一人目に捕まった客であったようなので、待ち時間の間に近くをふらふらしようと考えた。運転手が「集まったら電話かける」とのことで、ササっと電話番号の交換をする。運転手が持っていたのは、小さな小さな通話機能に特化した携帯電話であった。


とりあえず、タクシー内でつまめるお菓子と飲み物を確保しようと考えた。そしたら乗り場の近くに店があった。めぼしいものはないか物色していると、他のタクシー運転手やら他の車両の乗客、屋台の店員がワラワラと群がってくる。毎度いつものように自己紹介とここまで来た行程、そしてバーミヤンの遺跡とバンディ・アミール湖を見に行きたい旨を伝えるとニコニコ喜んでいた。

そこらにいた人たちは、日本人と非常に顔が似ているといわれるハザーラ人だった。スカーフを頭に巻き、髪を隠すと彼らとそっくりで「僕はハザーラ人や！！！」とモノマネをすると大爆笑であった。

しばらく待っていたが、夕方なのか集まりがあまりよろしくなく、タクシー運転手が「アフガニスタンの夜遅くに、外国人の君が移動するの大丈夫なの？　一人でも四人分の値段払えば送っていくぞ」と言われた。

残念ながら僕は、都市間移動には個人チャーターのタクシーに乗らない主義である。これをOKとしてしまうと、どこでも旅行難易度が駄々下がりしてしまい、非常に面白みに欠けるからだ。

アフガニスタン初日の夜は連行されたが、すでに現地人と同じ服装をしてハザーラ人に擬態できてるし、カブールで夜中歩いたが特に何もなく終わったので、タクシーに乗って移動する分には問題ないと思った。

こっちは準備万端だし、今までいろんな国を旅行していて対応できる自信があるので問題ないから、いつも通り振る舞ってほしい、と伝えた。タクシーの運ちゃんは、そこまで言うならということで、また大声で「バーミヤン！　バーミヤン！　バーミヤン！　バーミヤン！」と叫び始めた。

最初は全然集まらなかったが、その後はなんだかんだ順調で、15分ぐらい待ったら3人追加で集まり、出発する運びとなった。

車は西側に向かって走り出した。バーミヤンはカブールの北西にある都市だが、1年前にアフガニスタン渡航を考えていた時は、このルートは共和国支配地域とタリバン支配地域を交互に通過するので危険であった。面倒ごとを回避したい人は、少し時間とお金がかかるが、一回北上した後に西側に行くルートが安全と考えられていた。

それもこれも共和国政府が崩壊して、アフガニスタン全土がタリバンの支配下になったおかげでなくなった。複数の支配地域を跨ぐのは、その境目で交戦する可能性があるし、スパイの嫌疑をかけられ拘束、処刑されるリスクが存在しているので、それがなくなったのは旅人としては非常にありがたい。

夕方のカブール市内の渋滞は酷い。道が悪い上に、昼間の露天商が帰り支度をして、屋台を引いて道路の流れが悪くなるからだ。カブール市内を出る頃には、夜景が綺麗に見えるぐらいには日が落ちていた。

カブール市から出る時に検問が何箇所かあったが、交通量も多く、特に止まることもなくあっさり通過する。主要幹線道路の検問は数が多いが、交通量の多さにより流れ作業だ。

郊外に出ると、街灯がほとんどなく非常に暗い。ただカブールは、同国最大の都市だけあって広範囲で明るかった。他の都市だと、中心部から少し離れるとすぐ暗くなってしまう。

カブールからバーミヤンまでの道のりは、途中までカンダハールやヘラートといったアフガニスタンの主要都市を結ぶ道路とかぶっているので、最初は交通量が多い。街灯は少ないとはいえ、ヘッドライトの明るさでそこそこ見通しは確保されている。

ただ、道路の舗装状況はカブールから離れるに従って酷くなっており、目の前の車が急ハンドルを切ったと思ったら、巨大な陥没穴が出現する。バイクで走ったら何回もクラッシュするだろうし、時に普通の車だとスタックしそうなレベルでえぐれて、中が泥沼になっている場所がある。

ガズニー手前のマイダーンシャーという街に来ると、主要幹線道路から外れ、バーミヤンへ向けて山岳地帯を通過し始める。道は途端に暗くなり始め、前後にいた車も、もうすでにいない。

暗闇の中をめいっぱいライトをつけて走っていくが、区画整理、道路整備が怪しく、穴ボコを避けたりしながら走ると速度が出なくなってきた。クネった道の死角から対向車が突如飛び出してきて心臓に悪い。

しばらくすると、それもなくなってきた。どうやら遊牧民とか農民の集落すら抜けたらしい。バーミヤンは、ヒンドゥークシュ山脈とコヒ・ババ山脈の間にある渓谷であり、カブールから行くには標高3200mほどの峠を通過しなければならない。カブールからマザーリシャリーフに行く時と同じである。

徐々に標高が上がるにつれて気温が下がってきて、夏とはいえ非常に涼しい。タクシーもバスもボロくて冷暖房機能がついてないのが当たり前なので、こういった自然の涼しさを非常にありがたく思った。

標高1000mほど登った頃に、視界の先に尾灯を光らせた車が低速で走っているのが見えた。何かと思って速度を落とすと、砂埃を巻き上げながら、大量の羊や山羊、ロバの群れが道路を横切り始めた。この人たちって、放牧して夜も移動してるのか。

暗くて周りの地形はさっぱり見えなかったが、草原で昼間放し飼いにして、夕方以降に敷地内を歩かせているのだろう。しかし、この真っ暗な中で突如この群れに遭遇したら事故が起きないのか心配になってしまった。

アフガニスタンの平地はかなり暑く、夏は乾燥して草木が生い茂っている感じではないので、こういった標高の高い場所の方が放牧に適しているのだろう。

そんな感じで山の中をかっ飛ばしながら、時々集落や羊の群れとすれ違ったり検問があったが、ハザーラ人のフリをして答えたら一回も日本人だとバレずに通過できた。

バーミヤン地域に入る時にタリバンの検問があり、それまでと同じようにハザーラ人のフリをしたが、質問回数が多く訛りでバレてしまった。仕方なくパスポートとビザを見せたが、文盲らしく傾《かぶ》いていた。

タクシーの運ちゃんが助けてくれて色々言ってくれたので、少しばかり押し問答があったが、簡単に手荷物検査しただけであっさり解放された。

タリバン兵士が見えなくなった途端、ハザーラ人ドライバーはゲラゲラと爆笑していた。

「あいつらはロバだ。字も読めないバカだ」そしてタリバン批判をし始めた。

「タリバンが女性や子供を弾圧してる。そして我々ハザーラ人もね」

何人かハザーラ人と話したが、やはり弾圧されてるだけあって、非常にタリバンへの憎悪が激しかった。そして、字を読めなかった彼らを非常に小馬鹿にしていた。

その後、「そういや、日本だと検問ってどうなってるの？」と聞かれたので、いや、そもそも検問なんかないと答えたら、まじかと驚いて、その違いがツボに入ったらしく爆笑していた。

ホテルのアテはいくつかあったが、確認するのは不確実性があったので、タクシーのおじちゃんに「町の中心部にあって3000アフガニ程度で、個室で泊まれるお勧め」を聞いたら「了解した、それが安全だと思うよ。任せてくれ」とのこと。

テロが日常なこの国で

お勧めのホテルの下の階にはレストランがあった。ケバブやピラフのいい匂いが漂っている。確かにバーミヤンの街のど真ん中である。ハザーラ人の運転手が「ちょっと待っててね」と言って中に消えていく。時刻を見ると23時手前だった。

少しばかりすると店員らしき人が出てきて、一泊当たり値段が１８００アフガニとのこと。２７００円ぐらいか、安いな。

問題ない旨を伝えると、ついてこいと手招きされている。１階のお座敷形式のレストランゾーンではお客みんながテレビを見ていた。

そこには衝撃のニュースが流れていた。どうやらカブールでテロがあったらしい。第二次タリバン政権1周年記念の8月15日には特に何も起きなかったのに。

このテロでは23人が死亡、33人が負傷していた。現地人も釘付けになりながら見てはいたが、それでもあくまで日常の一コマのような反応だった。日本でいうところの、ちょっと犠牲者多めの玉突き事故のニュースを眺めているような。

やっぱここら辺の感覚はだいぶ違うな。日本だと特に殺人事件が滅多に起きないから一個当たりのインパクトが大きいが、アフガニスタンからすると最近はかなり治安が改善されている印象の方が大きいものの、こういったテロもこの程度なら交通事故程度の反応であった。

みんなの反応とニュースが気になって立ち止まって見ていたら、早く来いと言われてしまったので、言われるまま階段を上がっていく。

案内された部屋は、床に座布団が敷かれて五人ほど寝られるような大きさの部屋になっていた。これが現地人のいうホテルか。クンドゥーズで案内されたホテルはベッド形式だったが、ここでは床に敷物を敷いてその上に寝る、国境検問所でタリバン戦闘員が寝てる形式と同じだった。これがアフガン人の睡眠スタイルのスタンダードなのであろう。

個室と言われたが、座布団が五枚もあるということは本来家族向けなのだろう。一人で五人分支払ったので個室扱いになっているだけのようである。

兎にも角にも睡眠場所は確保できたので良かった。この後観光しようか考えたが、普通に疲れていたので、部屋でゴロゴロしながらデータ整理などをしていた。ネット環境が欲しかったがWi-Fiは飛んでいなかった。現地人感覚だとこれが普通らしい。

地方の電力インフラ

何か食べ物や飲み物はいるか、と聞かれ「グリーンティーだけ飲めればいいや」と答えたら、ドライバーの運ちゃんが持ってきてくれた。

ありがたくお茶を飲んで作業を進めてしばらくした頃、突如電気が落ちた。あれ？？？？停電かと思ったら、さっきまで明るかった他の建物もいくつか真っ暗である。

これを見るに、どうやら本体の方が停電した模様である。停電にもいくつか種類があって、建物内の分電盤が原因で停電するものは、その建物だけが暗くなるのでわかりやすい。しかし、どうやら地域一帯全体が暗くなっているので、本体自体が停電したのが原因らしい。

しばらく暗闇の中で作業を続けたが、いっこうに電気が復旧する気配がなかった。深夜で周りは静まり返っている。諦めて、作業もいい塩梅になったところで寝た。

次の日、夜明け前に目が覚めるとまだ停電していた。ここまで長い停電はなかなか見ることがない。バッテリーの残量を見ると夜間充電された気配もない。これ夜中ずっと停電していたのか。

バッテリー自体は、2万mAhのものを二台に携帯三台持っているので、最悪1週間充電できなくても問題ないようにはしているが、ここまで電力インフラが脆弱なのかと驚いていた。

そんなこんなで日が昇り始めた頃、突如外のブオオオンというエンジン音と共に部屋の電気がついた。あれ？

時計を見るときっちり6時である。そういや昨晩停電した時も、その後やたら静かになったな。しかもきっちり23時みたいなキリのいい時間だった。

そう、つまりこのホテル一帯の電力は発電機が担っており、発電所から送られてきた電力で電気を供給しているわけではないようである。ちゃんとした街で、自家発電で電気を全て賄ってることとってあるんだ……。

確かに、キルギスの天山山脈の山奥に住む遊牧民みたいな本当の辺境だと、自家発電や太陽光発電で電気を賄っている場所は未だ存在している。しかし、7万人もの人口がいる街で、完全自家発電で電気の都合をつけているのは初めて見た……。

このバーミヤン渓谷は、世界最貧国クラスのアフガニスタンの中でも貧しい地域だといわれているが、電力インフラ自体が存在していないレベルであった。

これでいつ充電しておけば電気にアクセスできるかがわかった。バーミヤンの住人に聞いたところ、やはり昼間はずっと電気がついているとのこと。

バッテリー一個は満タンなので、もう一個は部屋に置いたまま充電して問題ない感じであった。まだ朝早かったので、モバイルバッテリー以外は十分充電できた。

部屋に追加のお茶を持ってきてくれた店員に、バンディ・アミール湖への所要時間と行き方を聞いた。乗合バンみたいな交通機関は存在しておらず、タクシーをチャーターするしかないらしい。時間も片道3～4時間ぐらいかかるとのこと。

バーミヤンの街で一番見たいのは、当然バーミヤンの巨大石窟である。そして同時に、付近にあるバンディ・アミール湖もアフガニスタン屈指の景勝地で、渡航計画を立てた時から是非この目で見たかった。

バーミヤンの遺跡自体は広範囲に存在しているが、一番メインの爆破された巨大仏像は、市内から見える範囲のところにある。そうすると湖を1日使って周り、次の日に朝から歩いて仏像を見た方が良さそうであった。

値段は、1日チャーターで往復2000～2500アフガニ程度と聞いていた。

下に降りると、裏手の駐車場が都市間移動の乗合タクシー乗り場であり、各地への掛け声が聞こえた。何人かに聞いてみたが、4000アフガニとか5000アフガニとかである。平均相場は２０００～２５００アフガニと聞いていたので交渉をスタートしたが、３０００アフガニを切る気配がない。

その時、昨日のハザーラ人のドライバーが目を覚まし、２階から降りてきた。そして、今値段交渉中であることを伝えたら、２０００アフガニでいいとのこと。ちょうどいいタイミングだった。

「ご飯食べたら案内してあげる」とのことなので、一緒にパンをつまみながらグリーンティーで流し込み、朝ご飯とした。

アフガニスタンのＳＤＧｓ

準備ができ、出発する際に「最初に寄りたい場所がある」という。僕としては、湖を見て今日中にこの場所に戻ってきて寝泊まりできれば何も問題はない。

そうすると彼は、町の反対方向に車を走らせ始めた。何かと思って見ていると町のはずれで停まる。バンパーを開けてエンジンオイルを見始めた。車体整備でもするかと思っていたら、奥からおじいちゃんが油と砂まみれになった一斗缶を持ってきた。

また奥に消える。何かと見ていると、今度はでっかい漏斗を持ってきた。そして給油口を開けて、その油を注ぎ始めた。粘性や色を見る感じガソリンではない。ジョボジョボと容器が空っぽになるまで注ぐと、運転手はお金を払った。

払ったのは1000アフガニちょっとだった。ボトルの大きさを見るに大体18～20ℓなので、ガソリンだったら1800～2000アフガニ程度するはずである。聞いたところ植物油を代用しているらしい。


石油が高くて争奪戦になったり暴動が起きたりする地域で、石油の密輸で公定価格より安いガソリンを闇で売っているのは、他の国で目にしたことがある。ただ、代用品が流通しているのは初めて見た。戦時中の木炭車かよ。

これを見るに、本当に周辺の産油国からすら石油を売ってもらえていないようである。アフガニスタンを取り巻く厳しい経済状況の一端を窺わせた。

何の植物油か聞いたが、何かは知らないようだった。カブールだとガソリンを入れているが、この町だとより価格の安いこの油を混ぜて入れているとのこと。

一応バイオディーゼル燃料といえるし、これもＳＤＧｓといえるか。その後車に乗った感覚としては、ノッキングを起こしている様子は特になかったし、一応問題なく走るらしい。

無事、彼の目的は果たされたようで再出発する。バーミヤン市内にもタリバン兵士が駐屯していて、検問兼手信号で交通整理の役割を担っていた。運転手の彼はタリバン兵士の前を通過するたび、タリバンを罵倒していた。

検問付近で見た高機動多用途装輪車両ハンヴィーが、明らかに流れ弾をくらってガラスが砕け散っていて、戦争の痕跡が残っていた。本当に修理する間もなく米軍が撤退したか、撤退した後に交戦して直せなくなったかのどちらかである。

バーミヤンは小さい町で、中心部をすぐ抜けると渓谷沿いの大量の石窟が見えてきた。その光景は想像より遥かに圧巻であった。巨大石仏がタリバンによって爆破された、という印象的な出来事があるからこの遺跡が有名なものとなったかと思っていたが、そもそも遺跡の規模や光景からして素晴らしいものだった。

10分、15分ほど走っていたが、ずっと石窟が続いている。死角で見えなかったが規模は想像以上である。運転手が、この遺跡には人が住んでるよ、と教えてくれた。このバーミヤンでは、最貧困層の人たちは家を買ったり借りたりするお金がなく、雨風雪を凌ぐ場所としてこの石窟を使っているらしい。

世界遺産に住む人々

車窓から見ていると、時たま、穴に向かって歩いていく人や、干された服など、確かに人が住んでいた。バーミヤンの遺跡保護には、単に遺跡の復旧作業や発掘作業をするだけでなく、こういう人たちの経済支援も必要なんだな、と考えさせられた。

途中でハザーラ人の母子がタクシーに乗ってきた。しばらくすると視界はどんどん狭くなり、両側が切り立った崖になった。10分ほど走っていると、視界が開け別の集落が現れた。母子はそこの中心部あたりに来た時に降りて行った。30アフガニ程度払っていたが、バスがないので通りかかるタクシーがバス感覚って感じであった。

しばらくすると、「トイレに行きたい」とドライバーの彼が言い出したので、それなら僕も「肉が食べたい」と伝えた。朝ご飯でパンが出て仕方なく食べているが、肉を食べないとどうにも食べた気がしない。

もうちょい行った場所にサービスエリアみたいな場所があるらしく、そこまで車を飛ばした。開けたステップ地帯の地平線に向かって走っていく。

しばらくすると、何もないだだっ広い風景の中に、道路脇に建物がいくつかと、その前に駐車したトラックが見えてきた。その建物のなかの一つの前に停まると、運ちゃんの彼は裏手を指差し、トイレがある旨を伝える。

ここでふと思い出す。バーミヤンの奥地には、アフガン侵攻以来の地雷が大量に落ちており、アフガニスタン全土の中でも有数の地雷原だと。あれ、これトイレ大丈夫かな。

数分すると彼は無事戻ってきた。トイレの場所は、建物裏の広野の中に掘っ立て小屋のように存在していた。地雷を撤去したかどうかを識別できる石はここには置いてないようだ。そもそもここが地雷原かどうかもさっぱりわからないが、足を飛ばしたくはないので恐る恐る地面を見ていた感じ、最近踏んだ足跡がたくさんあり大丈夫そうであった。

足跡にそって慎重に歩を進め、確実にトイレに行くことに成功した。ふぅ、生理現象のたびにこんな心配をしなければならない世界は大変だな。

ハザーラ人の現地料理

用を足して車に戻り、肉を食べたいと言ったら、現地料理を食べたいかどうかを聞かれた。これは嬉しい申し出だ。もちろん！！

喜んだ様子で手招きするのでついて行くと、納屋のような土埃を被った建物の中に入っていく。これは想像以上に本格的なやつだぞ。

中に出てきたしわしわのおじいちゃんに話しかけると、おじいちゃんは金属のボウルからごそごそ黄色いものを取り出す。見た目と、アフガニスタンのこの地での特産物ってことは、乳製品の何かか。見た目は萎びたチーズである。

聞いたところ、確かに乳製品であった。周りにはハエがぶんぶん飛んでいる中、サビサビの秤に乗せて、どれぐらい欲しいか聞かれた。これは試されてるな。胃の強さは絶対的な自信があるので、三切れほどもらって十分か聞いたら問題ないとのこと。

もう一つ、これまた乳製品を固めた球体のものをもらう。アフガニスタンの保存用乾燥ヨーグルトのクルトだ。全て含めて150アフガニを払って店を出る。さらについて行くと、隣のレストランへと入った。

レストランで他人の料理を指差し、これなら肉を食べられるけど問題ないか、と丁寧に確認をとってくれた。見た感じトマトスープで羊肉を煮たような料理だった。

十分であった。アフガニスタンや中央アジア一帯で食べられる羊は脂尾羊《しびょう》といって、お尻に特有の脂肪でできた尾があり、この肉は非常にコクがあって美味しい。少し脂っこいが、クミンや香辛料をかけて調理すると非常に美味で、僕の大好物である。

味わい深い羊肉を、トマトのさっぱりさで煮込んだ絶妙な味である。トマトソースにパンを浸して食べる。ここでさっきの乳製品を取り出した。これと一緒に食うといいらしい。パンに、肉とチーズもどきを挟んで、トマトソースを浸して食べると、アフガニスタン風ハンバーガーである。ただ普通にパンを食べても味気ないが、これならバクバク食える。

腹ごしらえして、口直しのグリーンティーを飲む。車に戻ると、今度はさっきの白い球体のクルトを渡される。飴のように舐めながら食べるらしい。ある程度ふやけたら噛めるなと思って、飴と同じ要領でボリボリ食べてたら、そんな食べ方じゃないと言われてしまった。せっかちなので待つことができなかった。

クルトは非常に歯に引っかかり、一個でもう十分だったので、何個も買ったが全部あげてしまった。作り方は、ヨーグルトに加塩して凝固したものを丸めて乾燥させる。味はかなり酸っぱく、そしてしょっぱい。飴感覚で食べていたが、何かと一緒に食べたくなるような味であった。

ハザーラ人はこれでカルシウムを含むミネラルを摂取しているんだ、と言った。

「日本人はどうやって摂取しているんだい？」と聞かれたので、色々食べ物からとっているが日本固有の話だったら、ワカメや昆布といった海藻を食べることもあると答えた。

ただ、海藻というものの想像ができなかったようである。海に草が生えていて、ミネラル分が多く含まれててスープにして食べる、と教えたら怪訝な反応ながらも、一応そういうものだとわかったらしい。確かに味噌汁って、内陸部の遊牧民からしたら真逆の食べ物だよな。

出発しようとして少し車を走らせると、草原に羊やロバ、牛が放し飼いされていたので、直接見に行こうとなった。草は家畜たちに喰まれて、一帯均一な芝生のようになっており、地雷が埋まっている心配はなさそうだったので安心して近づけた。

そういや、ここらの人の平均年収はアフガニスタンの中でも低いというが、数百ドル程度なのか。でも、家畜の値段はどんなに下がっても100ドル切ることってあるのか？　とふと疑問に思った。

すると、ハザーラでの牛の値段は、中程度で300ドル、子牛で100ドル、大人のロバで150ドル、汚い小さいやつだと20ドルとか、羊は200ドル、大きいともっと値段するかも、と言った。

汚い子羊は安いとしても、そこそこちゃんと値段がついている。ここで見た群れは、50匹程度は少なくともいる。安い子牛で計算しても5000ドル程度はある。餌代も草原で放し飼いだからほぼ0円だろう。予防接種やらその他の経費は不明だが、収入は低くても、資産としてはそこそこあるのではないかと思われた。

多分、こういった遊牧民スタイルの生活をしている人は、資本主義に完全に染まっていないのだ。だから一人当たりのGDPだと、あくまで低く出るのだろう。

砂漠の中の真珠　バンディ・アミール湖

さらに1時間ほど車を走らせると、ようやく湖行きの道路が見えてくる。Welcome to Band-e-Amir National Park と書かれた門がある。

ここバンディ・アミール湖国立公園は文字通り、バンディ・アミール湖を中心としたアフガニスタン唯一の国立公園で、この国有数の景勝地である。アフガニスタンで採石されるラピスラズリが溶けたかのような瑠璃色の湖水が、砂漠地帯の中にポツンとあることから「砂漠の中の真珠」とも形容される。

この湖は、六つの湖から構成されている。バンデ・グラマーン（bandi oraman：奴隷たちの湖）、バンデ・ハイバット（bandi hibad：恐れの湖）、バンデ・バニール（bandi panir：チーズの湖）、バンデ・プディナ（bandi pudina：ハッカの湖）、バンデ・ズルフィカール（bandi zol fi kal：アリーの剣の湖）、バンデ・カムバール（bandi kanbar：馬丁の湖）の六つである。

ここからは、舗装すらない砂利道で尚且つ坂道である。タクシーに乗ってきたものの、不整地具合はかなり酷く、ここって普通の車は走れるのか？　4WDじゃないと厳しくないか？　と思っていたところ、目の前に道路に足を取られて止まってる車がいた。ダメじゃん。その車を横目に走っていく。幸いにして、なんとか一回も空転することなく砂利の坂道を通り抜けることができた。

峠を越えると、目の前には見渡す限りの渓谷と、その中に鎮座する巨大な湖が広がっていた。湖周りは急峻な坂や切り立った崖で囲まれており壮大であった。

さらに進むと、そこには露店がいくつかできていた。運ちゃんが「タバコが欲しい」というので、チップ代わりに買ってあげたら非常に喜んでいた。

シーシャの店があったので、帰りに吸いたいと言ったら問題ないとのこと。イスラム圏でもありペルシア語圏でもあるのだから、吸える場所はもっとあっても良さそうなのに、アフガニスタン内では想像より全然見つからない。なのに、こんな場所でも水タバコ置いてあるんだな。

湖周辺には多くの家族連れがいた。運転手の彼に案内されるままに歩いていくと、滝が存在していた。

その近くに泉が湧いており、年間を通じて7℃程度とかなり冷たいらしい。銭湯の水風呂も15℃程度が多いから、かなり冷たい部類だな。外気温は30℃とかなので暑さ凌ぎにはとてもいい。

湧水の中で足浴びしていると、現地人旅行者が話しかけてきた。自己紹介を済ませて雑談していると「本当に旅行できて嬉しいよ。タリバン政権の是非は置いといて、内戦中は共和国とタリバンが争っていて、街から街へと移動すらできなかった。自由に行きたい場所に行けるようになって20年ぶりに旅行したよ」

アフガニスタン市民のタリバン政権への思いは二分されているが、実利的にこういうメリットが誕生しているらしい。あくまで、数十年にわたる内戦で国が分断されていた世界と比べて、ではあるが。

タリバンによってアフガニスタン全土が統一されたから、数十年で一番安全だぞ、と思って入国した僕と同じようなことを、一部のアフガニスタンの人々が考えていることに驚いた。

そこから、近くを流れる小さなせせらぎを辿っていくと湖があった。さっきは上から湖を眺めていたが、降りていくうちに湖より標高の低い場所まで来ていたらしい。

湖は非常に広く、透明度も高かった。何より周りの景色は他に例がなく固有で、雄大さと相まって幻想的である。前評判といい、現地人のお勧めといい、期待以上で本当に素晴らしい景色であった。

手漕ぎボート乗り場があったので乗ることにした。乗ってみるとかなり深くまで見通せるが、底は全く見えない。

湖の内周をぐるっと周るように漕いでいると、対岸の茂みの空き地に10人ほどのタリバン兵士が来てピクニックしていた。ハザーラ人の彼が、あっち行くのはやめようと言い出したので、方向転換してまた船着場に戻った。

湖をバックに記念撮影している人の中には、ジーパンにジャケットと、アフガニスタンの田舎では珍しいカジュアルな格好をしている人がちらほらいた。カブールから来た観光客であろう。

トイレに行きたくなったので探していたところ、見つけたトイレは国連開発計画ＵＮＤＰが関わった痕跡があった。アフガニスタンが共和国だった時である。その後に手が加えられた様子は見られないので、１年前の攻防戦の際に大多数が逃げ出してしまったのだろう。周辺を散策したが、どこも柵や堤防みたいな人工物はなかったので、あくまでトイレとかを設置したぐらいであった。まあ、手付かずの雄大な自然を見たいので、このほぼ未開発の絶景を見れたのはとても良かった。

他の湖を眺められる絶景ポイントに行く前に、シーシャを吸おうとなった。車の中から見つけたシーシャに行こうとしたら、これまたタリバン兵士がたくさんいて彼が嫌がったので、車で別の場所に行くことになった。まだ他にもいくつかアテがあるらしい。

それはすぐ近くにあった。軒下で寝っ転がりながらシーシャを吸っている。ちょうどいい気候の中、絶景を眺めながら寛ぎながらシーシャを吸うのは乙なものだ。


しかし、話しかけて吸えるか聞いてみたら、「作るやつが今どっか行ったから、戻ってくるまで時間がかかる」と言われてしまった。運転手の彼は、「それなら少し離れた場所にはなるが、そこに親戚と友達が住んでいるから、そこなら確実に吸える」と囁いてきた。

どこも景色は良さそうなので了承すると、また砂埃をあげて走り始めた。10分ほど軽く走ると、そこにあった。店に行くかと思ったら、小川の上に茅葺《かやぶき》の簡単な屋根の座敷があった。下に川が流れているのは、なかなか趣があった。

シーシャの味を聞くと、レモンミントとグレープとダブルアップル味だけだった。このオーソドックスでシンプルな味しか置かれていないのは、伝統的な店という感じであった。

運転手の彼にとっては家族団欒といった感じだった。運転中に教えてもらったハザーラ語で軽く自己紹介したら大歓迎しつつ爆笑していた。

君には家族がいるのかと聞かれ、両親と妹がいて日本に住んでいる話をしたら、連絡をとっているか聞かれた。一応とってると言ったら「毎日？」と返ってきたので、「いや〜、２、３ヶ月にいっぺんぐらいかな」と答えると卒倒してしまった。

家族の関係が非常に深い伝統的な文化社会だと、一緒の家に大家族で住むし、離れていても毎日、いつでもずっと電話している。アフガニスタンも例外ではない。

次に、アフガニスタンには親と来たのかと聞かれた。彼らの感覚からすると、旅行といえば家族旅行で、それ以外の選択肢が思いつかないらしい。一人で来たことを伝えると驚いていた。「友達と来てるわけでもない？」「いや一人旅だね」

彼らからすると想像と全く違って、全ての回答が信じられないようである。このアフガニスタンに旅行していることを親は知っているか、と尋ねてきた。もちろんそんな話は一度もしていない。自分たちの価値観とあまりに違いすぎて爆笑していた。いや、流石に日本人でもある程度は渡航先ぐらい言う人が多いけどな。

渡航をバラしたのは一部の友達後輩だけだった。「来る前に日本の外務省に目をつけられたら、渡航しないように警告を受けるから、本当に数人しか知らないわ」これまた爆笑していた。

シーシャの会計を済ませると、他の湖にも連れて行ってくれるとのこと。景色はそちらの方がいいから、是非とも見た方がいいと。

車に戻って来た道を行くと、道半ばで左折し道路脇の轍を走り始めた。ここからは尋常じゃない悪路である。衝撃や振動を吸収してくれるはずのサスペンションが全く意味をなしておらず、ぐわんぐわん揺れる。タイヤはたまに空転して砂塵を巻き上げているし、歩いて回った方がいいのでは、と思うほどであった。

途中、悪路と急斜面の組み合わせで他の車両が揺れすぎて、横転一歩手前の様相を呈していて、流石にたまったもんじゃないと思って、その区間だけは降りさせてもらった。ミスってこんな変な場所で潰されたくない。

なんとか乗り切るやいなや視界が開けてきた。先ほどは湖でボートに乗っていたが、今度は高さ30ｍぐらいの崖の上から湖を眺める位置に出ていた。

少し太陽が傾き、湖面はキラキラと反射して幻想的な光景となっていた。湖を背景に写真を撮ったり、崖下にある湖面に向かって投石して遊んでいた。

一応これでもアフガニスタンの国立公園である。ただ、アフガニスタンクオリティなので当然柵もなく、身を乗り出しすぎると簡単に死ぬ。ただし、気をつけてさえいれば手付かずの雄大な自然を堪能できるので、個人的には最高であった。

展望スペースの近くの、少し崖から離れた場所に岩があった。一歩バランスを崩せば数十ｍは下に転落するが、眺めの良さそうな場所である。靴紐を硬く結び直して飛び乗ったが、想像通りいい景色であった。

一通り景色を見るのには満足したので、近くの他の湖を見に散歩することにした。

崖の上から階段ができており、そこを下っていくと湖面が見えてきた。このバンディ・アミール湖を構成する湖は、大きさはバラバラだが棚田のようになっており、上から溢れた水が下の湖へと流れ込んでいる。

途中で見た湖は、他の湖経由で少し水が流れ込んでいたものの、そこまで深くないらしくほぼ枯れているように見えた。

湖の間は舗装がされておらず、ところどころ洗い越し状態で水浸しである。写真を撮りながら再度岸壁を登っていくと屋台があった。ここが最後の店だというのでお菓子とジュースを買っていった。


さらに進み、低木をかき分けて進むとまた湖があった。低い位置から見ざるを得なかったのであまり景色はよくなかったが、相当な広さであった。対岸の崖には歩道らしきものが見えたので迂回すると、湖畔を周回できるようになっているようである。

ここで休憩にしよう、と案内してくれた彼が言った。なんとも牧歌的な感覚である。過去の旅行記を見ているとここら一帯は地雷原で、そんな場所で湖の波面を眺めながらのんびりポテチを食ってタバコを蒸している。

さっき会った現地人もそうだが、ここには間違いなく平和ができかけていた。過去数十年の歴史を見ると驚くべきことであった。

帰途に着く頃には運転手とかなり打ち解けたので、お互い色々聞きたいことを質問し合っていた。僕としてもかなりありがたい機会である。

まず一番気になっていたのが、アフガニスタンの酒事情だ。共和国時代までは飲めたはずだが、今のところいろんな人に聞いても誰も知らない。実際に飲める場所はあるのか聞いた。そしたら、昨年以降は取り締まりと自主規制により、飲める場所は消滅してしまったらしい。

共和国時代はパブやディスコが存在していて、いい時代だったよ、と懐古していた。ディスコもあったのか。

年齢を伝えたら「日本人は結婚するのはいつからなの？　アフガニスタンだと13〜15歳から結婚し始めるけど、日本人はいつ結婚するの？」と聞かれた。

「日本人は法律上だと18歳からとなっている」と返すと、かなり厳しいんだね、との反応。ただ、そこで「なぜ君は独身なのか」とは聞かれなかった。伝統的社会だと婚姻が早く、晩婚化した西側の人間を見ると、異常独身男性のように見られることが多い。でも彼も結婚していなかった。イスラム圏だと一夫多妻制を取れるが、本来生まれてくる男女比は１：１だ。強者男性は妻を何人も取れるが、どこかに皺寄せがいっているはずである。

彼もその一人であろう。タリバン兵士であったり、国内で相対的にある程度お金がある人だと早々と結婚相手が決まっているが、本当の貧困層だと30歳でも結婚していない人を普通に見かけた。

アフガニスタン王国時代からの生き証人

ホテルに戻ってくると相変わらずいい匂いが漂っている。お腹はペコペコなので、座敷に座ってケバブを注文する。隣のおじさんがピラフを食べていたので、僕も大盛りで注文する。料理が届くまで現地人と話していたが、大体ここにいるのは、この地に住むか、タクシー運転手として拠点を置いている人ばかりだった。

確かに、日本にいそうな顔をしている人が非常に多い。ハザーラ人は日本人とそっくりといわれるが、こうやって見回してみると本当にそっくりだ。僕が同じ格好してダリー語で話せば検問をあっさり通過できてしまうわけだ。

その中の一番歳をとっているおじいちゃんと話してると、どうやらアフガニスタンが王国時代の時から生きているらしい。王国時代ってことは、アフガニスタンが一番世俗国家だった時じゃん！！

アフガニスタンは１９７３年まで王政をとっていた。この時代の写真を見ると、男も女も西洋人と同じ格好をしている。その後、幾多の変遷を経て、保守反動により伝統回帰して今に至る。

ググって「このモダンな服装をしていた時代を見たか」と聞いたら、そうだと答えた。「私が9歳ぐらいの時かなぁ」なんともこれは生き証人である。

１９７３年に王政が廃止された後、ソ連によるアフガニスタン侵攻やタリバン政権の誕生、バーミヤンの遺跡の爆破、アメリカによるアフガニスタン侵攻、そして去年の共和国政府崩壊からの第二次タリバン政権誕生。人生の大半が戦乱の世である。

今晩も、昨日と引き続きテロの映像が流れていた。客の一人がチャンネルを変えると、BBCが普通に流れていた。独裁国家だと情報統制が厳しく、海外メディアやサイトのアクセスが規制されていることが多い。アフガニスタンでも規制されているが、ＴＶに関しては普通に見れるようである。

インターコンチネンタルでは見ることができたが、あのホテルは海外要人も泊まるホテルであり、扱いは別である。一般民衆でも海外の様子をニュースを通して見ることができるらしい。ＢＢＣでは、イギリス人がバカンスで、ビーチで泳いでる様子が流れていた。

周りの人に色々質問されたが、日本という存在は知っていた。ハザーラ人は反タリバンの姿勢とあって共和国政府寄りで親米だが、アメリカと戦争した日本が今はアメリカの同盟国になっているのは不思議に思っていた。アメリカが原爆を落として大量虐殺したことへも否定的な反応を示していた。

日米の緊密さの理由を聞かれたから、中国と台湾、朝鮮半島、ロシアといった対立勢力があるから、日本は極東の防波堤となってる旨を話したが、要領を得ていなかった。日本も中国も韓国も知っているが、関係性の違いについてはほとんど知らない様子が大半であった。

Google Mapで日本周辺の地図を見せながら話してみた。しかし、ほとんどが知らなかった。携帯の所持率が低く、地図を見たことがない人も多く、アフガニスタンの位置がどこにあるかわからない人も割といた。

メシを十分堪能したので、さっさと延泊手続きをして部屋に行った。

夜間停電するのがわかっているのなら充電を早めにしておいた方がいい。そして明日はバーミヤンの遺跡である。

さっさとＨＤＤに撮影したデータを移して寝た。予定通り23時には発電機が停止して街が暗くなった。

爆破されたバーミヤンの遺跡を登る⁉

次の日、僕の方が早く目が覚めた。ドライバーの彼が起きてくるのを待つ。正直、バーミヤンの遺跡は歩いて行ける範囲にあるのでガイドなしでも問題なかったが、ここまで来たら一緒でもいいか、となった。

待ち合わせをして向かおうとすると、街の中心部からメインの仏像を見る分にはどうやら歩いて行けるらしい。

メインストリートを通って行こうとしたら、彼は手招きして建物の間を通り抜けようとする。何かあるのかと思ってついて行ったら、建物の裏はただ川が流れていた。何かここにあるかと聞いたら、タリバンを避けるためらしい。本当に嫌いだな。

そこからメインの大通りと平行に歩き、途中から遺跡に向かって田んぼの畦道を歩いていく。畑には水路が巡らされているが、畦道は踏み固められただけの原始的なつくりだし、その中にある小屋は日干しレンガでできていた。

この構造だと、地震が来たらあっさり崩壊するだろう。ユーラシア大陸の下にインド亜大陸プレートが潜りこんで歪《ひず》みがたまるので、アフガニスタンはチャマン断層をはじめとした活断層が国内にいくつもある。僕がこの国に来る数ヶ月前にも、アフガニスタン南東部パクティカ州でＭ５・９の地震があり１０００人以上が犠牲になっていた。

歴史的遺産として補強した上で温存された日干しレンガ建築は見たことあるが、市井の住宅として見たのはこれが初めてである。いや、確かにこれは簡単に壊れそうだし、死人出ても全く不思議じゃないな。

日本以外の地震多発地帯での建物は全く信用していない上に、日干しレンガは流石に、倒壊した家屋に巻き込まれたらたまったものではないので距離をとっておいた。

大通りから少しばかり離れたところに来たら、遠くから爆音を鳴らしながらテクニカル装甲車を乗り回して、大通りを爆走するタリバン兵士たちがいた。荷台の上で兵士数人が白い旗を振り回している。

ハザーラ人の彼は忌々しそうにそれを眺めながら、「やっぱこの裏道で来て正解だった」

と言った。去年のタリバンによるアフガニスタン全土制圧以降、このバーミヤンにも兵士が来て、さっきのように威嚇して回っているらしい。

そんなこんなで歩いていると、バーミヤンの遺跡の東大仏側が目前に来た。近くで見ると、遠くからは見えなかった細かい石窟が大量にそこにはあった。集合体恐怖症からするとキツそうなレベルである。途中から道はなく、砂地に人が歩いた痕跡があるのみである。地雷が怖かったが、この通り道沿いに歩けば問題なさそうであった。

手前の軽い坂を登ると、いくつか小屋がある。よく見ると、直径1mぐらいの岩が綺麗に並べられている。もしかしてと思ったが、それは爆破されたバーミヤンの石像の残骸だった。

確かに、あれだけの巨像を爆破したらこんな瓦礫になるのか。それと同時に、偉大な人類の遺産が破壊された悲しみをひしひしと感じた。

建物小屋の外には、直径数mぐらいの、小屋に収容できない巨岩が放置されていた。

小屋の中からタリバン兵士が出てきて、こっちに近づいて話しかけてきた。今は管理をタリバンがやっているのか。入場料はこの東大仏側では取っていないらしい。後で西側の大仏を見に行くと、そこでチケットが買えるとのこと。

坂を登るとバーミヤンの東大仏の足元に来た。この大仏は西側の大仏と比べて小さいことから比較して「小大仏」と呼ばれていたが、実際に目にすると半端なくでかかった。小さいといわれているが38mもある。巨大とされている奈良の大仏様こと東大寺の盧舎那仏像で14・7mほどである。それの2倍を超えていた。

大きい西側の大仏に至っては、55mと3倍強である。改めて素晴らしい遺跡が失われたことが非常に残念だった。

遺跡は下から眺めて終わりかと思ったら、横の壁側に穴が空いており、中には螺旋階段上に竪穴が掘られていた。バーミヤンの遺跡は上まで行けるのである。まさか仏像を上側から眺められるとは思っていなかった。

中には、急な階段ではあるが一応手すりがあり、登れるようになっていた。傾斜はかなりキツく、昔の家の階段より遥か上をいっている。照明などそんな大層なものはついておらず、階段の途中に採光用に穴が空けられていた。

道の途中で、降りる観光客とすれ違うと大変である。場所によってはどっちかが後退しないといけない。観光客が少ない間に見ておいてよかった。

階段の途中にはいくつも分岐路があり、そちらへ行くと、外から見た時に崖の壁に見えた石窟へと通じていた。石窟内は一個一個堂のように半球のドーム状になっており、あまり保存状態は良くないが、堂の中の壁に小さな仏像の彫像や壁画があるのを見てとれた。

ただ、場所によっては落書きが酷く、旅行客が記念に書いたと思われる文字が大量にあった。遺跡破壊はタリバンの爆破だけではなかった。大多数はパシュトゥーン人によるパシュトー語であったが、中には外国人観光客として来た韓国人や欧米人のものもあった。

日本語は探したが見つからなかった。そもそもここまで実際に来る人が少ないからなのか、ただ書かなかったのかはわからなかった。

そんなこんなで40m近くの階段を上り切ると、大仏の右のこめかみあたりにある頂上に出た。眼下には破壊された仏像とバーミヤン市内が一望できた。ただ、柵は建設作業用の足場に使われる鉄骨が一本斜めに通してあるだけである。足元は何もなく、滑ったらそのまま40m弱落下してもおかしくないアバウトさである。

そこにいたパシュトゥーン人の旅行客が、僕と写真撮影したいと言ってきたので、石仏の上で写真を撮った。落ちないかヒヤヒヤした。

大仏の頭上を越えて反対側の螺旋階段を降りていくと、また別の分岐路があった。そちらの方を見ていくと、石窟がアリの巣のように広がっており、真横に連結されているかと思ったら、下に行けたり上に穴が空いていたりしている。

そのうちの一つの穴がそこまで深くなさそうなので入ってみたが、横穴の中にさらに横穴があり先は埋められていた。どれほどこの穴の構造が広がっているかは想像できなかった。

また別の石窟を抜けていくと、柵で通れなくなっている堂があった。金網越しにカメラの望遠レンズを使って見ると、奥には共和国時代に日本が協力して復興支援した時に建てられたとみられる看板が刺さっていた。

バーミヤンの遺跡が破壊された後の復旧に日本がかなり深く関わっているとは聞いていたが、ここにまだ痕跡が残っていた。

東の大仏を見終わり、西の大仏を見ることになった。ハザーラ人の彼は岸壁沿いにスタスタ歩いていく。途中には、途切れることなく小さな石窟が掘られていた。

反対側は、畑があったりお墓があったりした。バーミヤン遺跡は仏教文化であるが、ここのお墓は全てイスラム化している。現地住民のハザーラ人も、バーミヤン遺跡を大事にはしているものの、イスラム教のシーア派である。

数百m歩くと巨大な石仏の名残が見えてきた。周りは一応柵で囲われているが、なんせ高さ55mある。遠くからでも良く見える。

麓まで行くと簡易小屋があり、チケット売り場となっていた。値段を聞こうと覗くと、その中にもタリバン兵士がいた。国内の観光地は見た限り全てタリバンが管理しているな、これ。

値段は、外国人の僕が３００アフガニで、現地人が50アフガニであった。外国人観光客の値段設定が現地人と違うことは多々あるが、ここは非常に良心的であった。場所によっては数十倍の差がつけられているところもある。

二人分の料金を払ってチケットを手に入れた後、彼が言った。

「俺が二人分のチケット代わりに払っていれば、あっちは多分見分けつかないし１００アフガニで済んだね」

確かに、何度も検問で擬態に成功していたので、試しても面白かったかもしれない。ただ貴重な観光資源であるし、別に大した金額ではないのでいいや、となった。

相変わらずこちらの仏像の足元にも小屋があり、その中に大量の仏像の残骸である岩が収納されていた。こちらの仏像の方が遥かに大きいだけあって、一個一個の岩も大きい。小屋がいくつもあり大きさ別にまとめられていた。

仏像に関して、こちら側は本来鉄柵で仕切られており、修復作業員しか入れないようになっていたようだ。しかし、タリバンがアフガニスタン全土を制圧した際にタリバンの管轄下となり、その兵士により金網は破られている。復旧作業していたＵＮＥＳＣＯやら国連やら各国の関係者は全員脱出したからだ。

皆、当たり前のように入っていくので、これは滅多にないチャンスだと思って僕も入った。足元には、大きすぎて移動できなかったと思われる巨岩が落ちていた。こちら側の復旧が優先されていたのか、足場が20段以上組まれており、上まで登れるようになっていた。

建設現場の足場に登って木登り代わりに遊ぶのが好きなので、うずうずしてしまった。我慢できなくなり、貴重品を預けてGoProを咥えながら登った。バーミヤンの遺跡を見にきた観光客はそこそこいるだろうが、足場に登ったことのある旅人は数えるほどしかいないだろう。

いつも通り上まで登ろうとしたが途中で気づいた。今の僕、現地人のダボっとした服にサンダルやん。脱げないようにするだけで必死である。6〜7段登って早々と見切りをつけて降りた。

大仏の足元に辿り着くと、他の観光客が一斉にモーセの海割りのように引き下がり始めた。タリバン兵士の大名行列である。20人ほどの武装した兵士がぐるっと回って通り過ぎていくのを待つ。

幸い、数分滞在したらどっかに行ってしまった。こちらは東の大仏より大きいものの、見られる範囲は限られていたので、僕たちも早々と撤収することになった。

他にも聖地があるらしいのだが、市内からちょっと離れた場所にあるようなので、またの機会にということにしておいた。このまま平和が続けばまた来れよう。

ホテル裏の乗合タクシー乗り場にて、他の乗客が来るのを待った。助手席に座っていると、窓越しにストリートチルドレンが物乞いしに来た。

寝たフリをして無視していると、扉を開けてこようとする。え、そんな攻撃的なの？　慌てて鍵を閉めて窓ガラスも閉じる。諦めたのかどっかに消えた。一安心したと思ったら、突如後ろから髪を引っ張られた。振り返ってみると、後部座席の扉を開けて髪を掴んでいた。

あ？？？？？　その声に気づいた周辺のタクシーの運ちゃんたちが怒鳴って追い払った。次々と起こる展開に目を見張りながら、やっぱここアフガニスタンだな、と今いる場所を思い出させられた。

車の故障は日常茶飯事

バーミヤンからカブールに向かう道を走っていた時、検問があった。行きとは違った人が立っており、全員の身分証を見せるように要求してきた。

そこで僕はいつもの如くパスポートとビザであったが、後ろに乗っていた現地カップルが出していたのは旅行許可証であった。検問を通過した後に聞いてみると、アフガニスタン内を旅行する場合はこの旅行許可証が必要らしい。タクシー運転手の場合も取得しているとのこと。

後で見せてもらうと共和国時代のフォーマットであった。この国には通行の自由がなかった。発展途上国や独裁国家に来ると、インフラの素晴らしさもそうだが、我々西側自由主義国家に暮らしていることで、どれだけ自由を享受しているかを思い知らされる。マイナー国家や独裁国家に少しばかり潜入してスリルを味わっているだけが、いかに恵まれているかを実感した。

さらに進んだ時、車の挙動がおかしくなった。これはしょっちゅうある。カブール市内に入った後、そのまま目的地から少し逸れると自動車整備工場に駆け込んだ。

整備工場はこれまた簡素なつくりで、リフターなどという高価なものは当然なく、地面に穴が掘られてそこに停める形である。ジャッキアップする油圧も年季が入っている。アフガニスタンを走っている車の大半が、海外から持ち込まれた中古車のニコイチ・サンコイチしたような代物である。そのおかげで頻繁に故障する。整備工場にて修理の様子を見ていると、どうやら後輪ブレーキ周りが故障したらしい。壊れてもすぐ直ってよかった。イラクでブレーキの壊れたタクシーに乗って肝を冷やした記憶があるので、壊れて修理するだけだいぶマシである。

待っている間暇なのでタバコを吸っていると、ストリートチルドレンが何か紐を引きずりながら歩いてきた。ペットか何かかなと思っていると、何か丸い金属に糸が結びつけられている。

既視感があったので頭をひねると思い出した。あれはスピーカーなどで使われる巨大なフェライト磁石だ。そのフェルト部分が除去されたものだ。よくよく観察すると、整備工場付近に落ちている細かなネジやバネが磁石にくっついている。

そう、彼女たちは鉄屑を集めていたのだ。実際、彼女たちは逃げるように足早にその場を去った。アフガニスタンの貧困層だと1日1ドルに満たないお金で生きている層がいるが、あの子たちはそういう階層なのだろう。

それからなんだかんだ整備するのに2時間ほどかかった。アフガニスタンで長距離を移動する時は、しょっちゅう故障して整備工場に行くことになるし、彼らも故障したからといって全く意に介しておらず謝りすらしないので、これが日常的だと思われる。都市間移動の時間の目安としては、余裕を持って2～3時間は見ておいた方が予定を立てるのに適切だと思う次第であった。

CHAPTER 6 Six

予定通りにいかないのが限界旅行である

幻のカンダハール

バーミヤンの次は、タリバンの本拠地であるカンダハールへと行きたいと考えていた。カンダハールは、アフガニスタン南部にある同国第2位の都市である。

ここはアフガニスタン最大民族パシュトゥーン人の居住地域であり、主要都市であった。まだ地方の武装組織にすぎなかったタリバンが、アフガニスタン全土を制圧する過程で一番最初に陥落した主要都市である。民族的な繋がりが深く、タリバンのメイン支持基盤がある場所で、非常に保守的であると聞き及んでいた。

アフガニスタンの全土統一過程のウォッチャーをずっとしていた身としては、ここは外せないわけである。タクシー内で、バーミヤンの後はどこに行きたいのか聞かれたので、カンダハールと答えたら本気で止められた。

どうやら現地人でも躊躇する場所のようである。しかし、そもそもアフガニスタンという国に行くこと自体が、本来は躊躇するべき事案であるのであまり気にしていなかった。

僕はあくまで行く気でいた。もうすでに何回か連行されており、タリバン兵士の中でもかなり偉い人のツテは確保していたので、十分行ける足掛かりはできたと考えていた。何回も行き先を変えるように言ってきたが、僕が予定を変更するつもりがないのを見ると、しばらくしたら諦め「そんなに行きたいならわかった。知り合いのバス会社でカンダハールとヘラート行きがあるからそれに乗っていくといいよ」とのこと。やったぜ。

一旦、タクシー乗り場に行き、他の乗客を降ろすとバス乗り場に向かってくれるらしい。ありがたく申し出を受け入れバス乗り場に向かう。

車を３㎞ほど走らせると目的地へと着いた。そこには大量のバスがいた。北部方面へと向かうバスと違い、どれもちゃんとした大型バスばかりである。

その中にある、一つのバス会社のオフィスに向かった。運転手の彼が状況を説明してくれ、「目立たないような場所に彼（僕）を置いてほしい」と頼み込んだ。そこにいた男は、了解したと言った。そしてチケット代８００アフガニを支払った。

乗るバスを教えてくれるとのことで三人連れ立って歩いていった。このバス停は首都カブールの中でも一番大きいらしく何百台とある。他の大きな都市でも数十万人程度しかいないのに、こんなに需要あるんだなと不思議に思った。鉄道がないからだろうか。

バスを見に行くと清掃中のようであった。少年たちが車内に敷いてあるマットを叩いて砂塵を撒き散らしている。

「どうやら今清掃してるみたいだから案内できない。目立たない場所があるので今からそっちに案内しよう」と言われた。ここで、先にトイレに行きたくなったので、バス停にあるトイレに行く。

5アフガニを払うと桶を渡される。小学校に置いてあるような8個横に並んだ蛇口から水を汲んで、各々ボットン便所で用を足す方式である。大きい方もこれで洗うようである。インターコンチネンタルのような一部の外国人向けホテルを除いて、大体どこも同じ方式である。

すっきりしたので、待っている二人の元に戻る。そのままついて行くとレストランであった。バスの時間は18時だという。まだ16時手前だったので、ここで2時間待つのか。

兎にも角にも、このハザーラ人のおじちゃんには、ここまで数日間、ただのタクシー運転手だけではなく、観光地のガイドからホテルの斡旋までしてくれたことに感謝した。数日間で払った金額は1万円もいかなかったが、彼はめちゃくちゃ喜んでいた。流石、年収5〜6万円の国だ。


2時間ほど暇なので、ペルシア語の単語を覚えながら待っていると、さっきの男がチケットのチェックをしたいと言ってきたので手渡した。するとちょうど礼拝の時間になったのか、レストランの中にぞろぞろと現地人たちが集まり始めた。

そして一斉にメッカの方向に向かって礼拝を始める。どんどん人が増えていって明らかに浮いているので、端っこの方で礼拝が終わって休憩している人のフリをしていた。

入れ違いになりながらも、しばらくするとまた人がほぼいなくなった。

バス乗車時間20〜30分前になると、別の若い男が来て手招きしてくる。この人はパシュト一語しか話せないようである。そのままバスの近くに行くとお金を請求してきた。いや、賄賂とか物乞いなら応じないよと答えるが、しつこい。携帯を指差しながら翻訳しろと言い、身振り手振りで指し示す。

仕方なくGoogle翻訳していると、どうやらチケット代金を払えと言っているようである。チケットはもう買ってあるし、さっきの男に渡した。君はその男に言われてきたんだから知っているはずだろう。

それでもお金をせびり続けるので、そいつを無視してバスに向かったが、さっき三人でいた時に示したバスとは違う行き先だった。いや、まじか。紹介された人に騙されたパターン？そんなことある？　タクシーのハザーラ人のおじちゃんはそんなことするタイプでもないし、たかだか８００アフガニ騙さないよな。


とりあえずバスのオフィスに向かった。最初に案内された時も、彼とのファーストコンタクトはそこだったので関係はあるはずである。

オフィスに向かうと別の人がいた。事情を説明していると、さっきの別の若い男がまたお金お金とずっとうるさい。一切払う気はなかったので無視し続けると、オフィスにいたおじさんは「そいつの顔わかるか？」と聞いてきた。

幸いあちこちで動画を回していたので、彼の顔はばっちし映っていた。うん、これうちの社員だね。そのおじさんは、このバス会社のカブールにおける支店長みたいな立ち位置だったので知っていた。

どうやらバス会社全体、もしくはハザーラ人ドライバーも含めたグルではなく、彼ともう一人の若者による犯行だったらしい。チケット番号の写真の控えも持っていたので、そいつを呼び出してもらい、猛抗議した。

往生際が悪く、この場においてもお金をせびってきたが、余分な金は鐚《びた》一文払う気がないし、金かチケットどっちか返せよ。すると、もうそのバス自体は18時に出発してしまったとのこと。おい、お前何してくれとんねん。

抗議を続けると、男は観念したのか８００アフガニをポケットから出し、押しつけるように返してきた。

次のバスが22時頃にまだあるとのことなので、オフィスの中にあるソファで待たせてもらうことになった。この場にバス会社のお偉いさんがいるなら、他のやつは悪さできないだろう。ひとまず安心した。

ソファに座っていると、隣におじさんが座ってきた。自己紹介から始まり、アフガニスタン内を旅行しているなどと話した。すると、イスラム教について知っているかと聞いてきた。まあそれなりに、普通の人よりは詳しいと思う。

「神は……唯一なり」

そう答えるとうんうんと頷き、口を開いた。

「君はイスラム教徒にならなければならない」

「ごめんなさい、僕は日本の伝統宗教である神道を信仰しているからそれはできないです」

彼は僕の発言を無視し、復唱するように強要しだした。シャハーダである。六信五行の一つ信仰告白である。アッラーの他に神はなし。ムハンマドはアッラーの使徒である。

もちろん内容は知っているし暗誦《あんしょう》も可能ではあるが、これを言うとイスラム教徒であることを認めてしまう。知識として言う分には問題ないと思っているが、改宗する気もないのに言うつもりはなかった。

するとおじさんは怒り始めた。

え、怒るの？

いや、確かに信仰告白させようとしてくる人はたまにいるが、あくまで観光客だし、いずれ君も神の導きによってイスラム教徒になるよ、ぐらいのノリである。今まで一度も強要されたことなどなかった。

怒った上に詰め寄ってくるので慌てて身を引く。おじさんはさらに激情し、掴みかかる勢いである。ダメだろ、これ。さっきのチケット騙したやつの方がよっぽどかわいいぞ。荷物を持ってオフィスを飛び出した。

いや、カンダハール行きのバスに乗る前の時点でこんなノリなら、よりイスラム教の保守度合いの強いカンダハールは厳しいだろ。すでに何回も連行されてるしな。これで長期の拘束は流石にリスク許容度を超えていた。

タクシーのハザーラ人の彼に一度電話すると迎えに来てくれるという。この後の計画は白紙と化したが、どこに行くにしろ足は必要なので申し出はありがたかった。

彼に再会し状況を説明すると、「やっぱカンダハールはやばいからやめときなよ」とのこと。いや、まじか。こればかりはどうしようもなさそうであった。行くとしても、さらに準備しないと厳しそうである。この許されている滞在期間的には厳しいだろう。残念ながら撤退判断を下した。

現地人御用達ホテルでの夜

この日の夜はバス内で寝るつもりだったので計画が崩れてしまった。またインターコンチネンタルに泊まってもいいのだが、それだと同じなので面白みに欠ける。カンダハール行きが失敗して代替案が欲しいところだった。

そこでまた彼のお世話になることにした。インターコンチネンタルは1泊1～2万円だが、現地人が泊まるような場所は５００円程度と聞いているので、そういう場所を見てみたいと。

彼は、なるほど合点承知と言って車を走らせた。車は、バーミヤン行きの乗り合いタクシー乗り場近くで停まった。彼が車から降り、ついてくるように合図するので従い、建物の薄暗い階段を3階まで上っていく。

すると、真っ暗な扉があり、鍵がかかっている。ハザーラ人の彼が、どんどんと扉を数回叩くと、中から一人の男が出てきて南京錠を開けた。

中には座敷があり、そこに川の字のようになって10人ほどが寝ている。彼が言うに、１泊５００円ってこういう場所らしい。アフガニスタンの格安ホテルは全く旅行サイトに引っかからないがこんな感じなんだ。

正直これは見るだけでお腹いっぱいだった。一回寝てみるのもありかと思ったが、如何せんiPhone、MacBookと貴重品が多い。十分社会見学できたので、個室が取れるか聞いたところ、四人分１０００アフガニ払えば一部屋借りれるとのこと。一人当たり２５０アフガニほどであった。

次の行先はマザーリシャリーフにした。ここにはブルーモスクがある。昔の旅行記を見ていると、バーミヤンの遺跡とここに行っている人が多い。サマルカンドの人工的なブルーと比べると、あまり人の手が入っていないこのモスクは、限界旅行者としてそそられた。

早朝5時発のバスに乗るということで、朝3時に起床する予定となった。バス乗り場まで見送ってあげるということなので、申し出をありがたく受ける。昨日の騙された件もあったので、現地人の付き添いは心強い。

23時ぐらいに寝ようとしたが、アフガニスタン旅行ですっかりハマってしまったエナドリHAPPYの飲みすぎで、目が冴えて寝れなかった。1時頃には諦めて、携帯とiPhoneに溜まった動画を整理して徹夜することにした。

3時になってもハザーラ人の彼は起きてこなかったが、どうせ朝早すぎてもバスが運行していないだろうと思っていたので、そのまま作業を続けた。30分ほど経ち、キリ良く終わった頃に彼が起きてきた。

身支度を済ませるとホテルを出て、近くのバス乗り場まで送ってもらう。真夜中3時半のカブールは、他の都市よりはマシだが、人通りが全然ない。戒厳令が発令されている様子はなかったが。

彼の後をついて行くと、ホテルから5分の位置にそのバス会社はあった。だが、見た通り運行している様子はない。彼が扉を叩くと、一人の初老の男性が出てきて応対したが、このバス会社は早朝には運行していないとのこと。現地人でもこうやって都市間移動するのに、いちいち確認しなければならないらしい。

そういや昨晩、他の都市に行くのに案内役としてついて行こうか、みたいなおねだりをされた時に、そもそも許可証持っているのかと聞いたら、タクシー運転手だからという理由で持っていたな。

他にもバス会社があるとのことなので車に乗り込む。早朝の時間帯だと市内の交通量はほぼなく、検問も大部分が機能していない。いくつか回るもハズレで、都市の端に着くとそこはタクシーで都市間移動する駅だった。そこで一番大きなバス乗り場を教えてもらった。同じ都市間でも複数のバス会社が運行しており、そこが一番大きなメインのバス乗り場らしい。

一回反転してその場所に向かうと、確かに多くのバスが連なっている。どのバスがマザーリシャリーフに行くか聞き、指差されたバスに乗り込むと、まだ乗客はまばらであった。昨日みたいに謎にぼられないように確実にチケットを確保し、念のために写真を撮っておいた。これで確実に目的地に到達できよう。

バスの出発までは気を抜けないので、ペルシア語の単語帳を眺めながら暇潰しをした。ようやく人が集まりバスが始動すると、流石に徹夜で眠さがマックスだったので爆睡を決めた。途中、峠にて目を覚ました。ここは何回通ってもやはり揺れるし、排気ガスで空気が最悪だし、途中で目が覚めるのも致し方ない。ただ、まだ徹夜分の睡眠が足りていなかったので、そのまま爆睡して峠を乗り切った。

頂上を過ぎて少しばかり走ると舗装路に戻り、順調に進んだらしい。いつの間にか途中のサービスエリアに着いていた。疲れもある程度は取れたので、目覚まし代わりのなんちゃってモンスターのHAPPYを買って胃に流し込む。毎度毎度この国では嗜好品がないから口寂しくて、あまり好きではないエナドリに頼るようになってしまう。

トイレを済ませ、またバスに乗り込んだが、なんだかんだ疲れてそのままマザーリシャリーフまで爆睡した。

マザーリシャリーフのバス停に着くと、これまた街の中心部からだいぶ離れた位置にある。別の都市に行くにはカブールを経由する必要があるため、時間がかかるのは目に見え

ていたので、バスの発着時間を確認する。

色々聞きたいことは聞けたので、次は宿泊先の確保である。中心部まで行くのにタクシーを使うので、その時運転手にお勧めでも聞けばいいやと思い、流しのタクシーを拾った。

行き先を告げ、今日泊まるホテルを探しているとGoogle翻訳を見せたら文盲だった。これまで旅行した国でもその傾向はあったが、タクシー運転手って識字率低いよなと思いながら、この頃にはある程度ペルシア語も喋れるようになっていたので、予算などを伝え、街の中心部のアクセスのいいところで、良さげな場所を教えてくれと頼んだ。

運転手が字を読めなくて一瞬焦ったが、きちんと意思疎通が図れて安堵した。それにしても、文字は読めなくてもパシュトー語とダリー語の2ヶ国語は少なくとも話せるわけで、なんだか不思議な気分である。日本人は読むのは得意だが英語を喋れる人は少ないのに。

タクシーの運ちゃんが案内してくれたのは、マザーリシャリーフの観光名所として一番有名なブルーモスクの目の前であった。

チェックインを済ませると、すでに日が翳《かげ》ってきたので、メインのモスクは諦め軽く市内をぶらぶらした。歩いている間に日は暮れ、モスクの外側から夜景写真を収めた。

ブルーモスク周辺は正方形に柵が張られており、東西南北に入口があるが、全てにタリバン兵士が数人立って手荷物検査をしていた。

人によってはかなり詳しく見られており、日が暮れた今ここで外国人とバレて面倒ごとになるのは勘弁してほしいなと思い、この日は入るのをやめておくことにした。

外周をぐるっと回り、そのまま歩いていると市場を見つけた。周りは真っ暗だったがまだ活気があった。しかし、他の都市の動きを見るに、日が暮れると夜間外出禁止令があるのか、大半が店じまいしてしまうと思った。

その通りで、雑踏を抜け切る頃には皆が片付け始め、ものの見事に15分もしないうちに皆屋台を折りたたんで、めいめい帰路につき始めた。買い物をしていた人たちもいつの間にかどこかにいなくなっている。

クンドゥーズで人気のない街を歩いた時に、一瞬でどこかの組織のタリバン戦闘員に囲まれて面倒だったので、僕も撤退した方が良さそうだなと思い、事前に目星をつけていたシーシャ屋に向かった。

しかし、店はもう閉店の時間だった。店員に聞くとシーシャを提供しているのは19時半までだと言う。

「また明日おいで。昼から営業してるよ」

おいおいまだ20時回った頃だぞ？？？　早すぎないか。夜に酒もない、シーシャもないなら何して暇潰すんや。やることなさすぎやろ、暇や……。

田舎は楽しみがないので、酒かタバコかセックスかパチンコぐらいしかやることがない、とか日本でも揶揄されるが、アフガニスタンにパチンコは当然ないし、酒もシーシャもない。

他のシーシャ屋を探したが、Google Map 上にあった3店舗のうち1店舗は一時閉鎖と書かれているし、もう1店舗は郊外にあり、そうすると途中検問があったりと面倒な可能性があり断念した。こうなったらマップ上に表示されてない店でも探すしかない。

再び街中を歩き始めると、もう人気がほぼなくなっていた。たまにすれ違うのは、さっきまで市場にいたと思われる荷台を引いた商人ぐらいである。それ以外に目につくのは、もう野良犬ぐらいのものである。

そしてあたりはもう真っ暗である。そりゃ夜なので暗いのは当たり前じゃないかというツッコミがあるだろうが、本当に暗いのである。人口はそこそこいるのだが、アフガニスタンは貧しいため夜の照明が暗かったり、そもそも街灯がなかったりして、明るさの絶対値が我々の住む先進国とは大違いなのである。

こうなるとやはりタリバンに連行されるとめんどくさいことこの上ないので、シーシャは諦めて帰路についた。ホテルに戻ってシーシャがあるか聞いたらなかったが、幸いにして夜ご飯は頼めば持ってきてくれた。

ホテルの階下にはレストランがあり、日中は一般客も入ることができる。夜は外から見ると店はやっていないのだが、宿泊客である僕らが注文すればルームサービスみたく居室まで持ってきてくれ、夜ご飯にありつけるようであった。

恒例の串焼きケバブセットにピラフの組み合わせだ。

やることがなく暇なので、必然的にメシの重要性が上がる。一口一口を噛み締めて味わった。そういや浪人生の時も、8ヶ月ぐらいスマホすら封印して追い込んで勉強してたら、最後楽しみが食べることしかなくなって、運動も碌《ろく》にせず、毎日ポテチ1袋食ったり毎食コメ三合食べたりしていたら、受験終わるまでに13kgぐらい太ってたな。この国の娯楽や嗜好品のなさを考えると、住んだらそれぐらいにはなりそうである。

とはいえ、メシなどあっという間である。そもそも大食い早食いなので少々ゆっくり食べたとしても20~30分もあれば終わりである。アルハンドリッラー。

食後は撮り溜めたデータをHDDに移し、アフガニスタン入りを伝えていた友達に生存報告をして、Netflixを見て暇を潰し、そのままキリのいいところで寝た。

ブルーモスク

次の日は市内を軽く回って、この町に来た目的であるブルーモスク観光へと乗り出す。ここマザーリシャリーフにあるブルーモスクの正式名称はハズラト・アリー廟《びょう》である。ハズラト・アリーは、イスラム教シーア派の初代イマーム（指導者）である。アリーの墓廟は、イラクのナジャフという都市にあり、こちらはイラク旅行の時に見ていたが、この地にも存在する。

簡単に歴史を述べると、１１３５年頃、イラクから遠く離れたアル・ハイル村の住人が「夢枕にアリーが立つ」と、セルジューク朝の領主クマジュに訴えた。彼が部下にその地を掘らせてみると、「クーファの大モスク」で暗殺されたアリーの遺体及び証拠の煉瓦が発見されたため、廟を立てて祀った。

モンゴル軍の襲来で一度は墓の場所が不明になったが、13世紀に領主フサイン・バイカラの元に地図を持った男が現れ、その地図を基に墓は見つかり、再度廟が建てられた。そしてそのモスクを中心として街が発展し、現在のマザーリシャリーフ市を形成している。そういうわけで、街のど真ん中にこのブルーモスクことハズラト・アリー廟が鎮座している。

昨日あらかた外周を回って警備状況を見たが、東側の門が一番ゆるく、兵士一人しかいなかった。反対側の西門はタリバン兵士が六人ほどたむろっており、少々面倒くさそうなのでぐるっと回る。非ムスリムだと、モスク自体入るのを断られる可能性があるので、タリバンにバレない方がいい。

荷物をカメラと携帯に絞っておいたおかげで、ボディーチェック時に挨拶程度で済んだ。この程度だと、訛りで外国人であるとバレたりしない。

門の中に入ると、そこは普通の公園である。公園内に鳩舎があり、大量の白い鳩が飛んでいる。３００~５００羽は少なくともいるだろうか。木によっては、葉の色よりも白の方が目立つぐらいである。

敷地内は二重の正方形の柵によって囲まれており、一つ目は最初の検問がある公園、二つ目の内側にあるのがモスクのある敷地となっている。モスクの敷地に入る際は、また門をくぐり、そこで靴を預けるシステムとなっている。大モスク特有のシステムだ。敷地内は裸足である。

敷地内は白いタイルが張り巡らされている。この日は曇っていて、足裏が暖かい程度であったが、天気のいい日は結構熱い気がした。現地人はずっとサンダルで過ごしているので、熱くても耐えられる可能性があるが。

このモスクはシーア派の聖地であるが、モスクにタリバンの旗が閃いているのは何とも言えない感情だった。ただ、平日昼間とあってそこまで巡礼者はいなかった。

ブルーモスクというと、ウズベキスタンの青の都「サマルカンド」が観光客からすると有名であるが、あれは独立後に塗られたもので本来はあまり青くない。そういう意味ではこのハズラト・アリー廟の方が、インスタ映えするとは言わないが、素朴で綺麗な青いモスクである。

聖廟内に入ろうとしたが、たまにタリバン兵士がうろうろしていた。中にも駐屯しているのか。少々めんどくさいな。とりあえず、写真を撮りながらぐるっとモスクを一周して待った。

無事兵士が捌けたのでモスク内に入る。大きなモスクだと、入り口からして男女別に分かれているが、このモスクは聖廟がある部屋だけがパーテーションで区切られており、あとは分かれていなかった。

モスク内のタイル張りは非常に美しかった。近くで見てみるとかなり劣化しているが、人工感があまりない。他の国のモスクはやたらと蛍光灯で電飾したり、ステンドグラスかのようにゴテゴテしていたりするので、このブルーモスクの渋くも正統派を漂わせる内装には痺れた。

聖廟内に入ると、クルアーンを音読している人もいれば、墓廟に向かって啜り泣いている人もいる。周りと同じように振る舞いながら中を見て回った。だが、内部は外観と比してそこまで大きくなかった。入れる区画も二つほどしかなく、あとは聖職者しか入れなさそうであった。

モスクを出て靴を回収し、公園内にある飲食店でモンスターを買って飲んでいると、気づいたら後ろに物乞いがいた。お金はあげないよと言ったが、ぴったしついてくる。追い払ったが、手を掴んできたので払いのける。最終的に走って逃げたが、しばらく追いかけてきた。いや、アフガニスタンの物乞いは実際に掴んできたりするし圧強くない？　他の国でも物乞いはいっぱいいるけど、実際に掴んできたりするのって初めて見た。

公園内をぐるっと回ると、ステージを広場に設置中であった。多分、これから夕方の礼拝時間に合わせて、ここで呼びかけをするのだろう。一通り当初の目的を終えたので退散することにした。

F＊＊king Boyな僕

この日はマザーリシャリーフで見るものもそれ以外に特になく、その後予定をどうするか考えていた。アフガニスタンの北部軍閥ドスタム将軍の邸宅に行くか、マザーリシャリーフ近郊にある稜堡式《りょうほしき》の城砦跡ぐらいである。

ドスタム将軍は、アフガニスタン北部の軍閥北部同盟のトップであり、軍人・政治家である。各時代で変節しながらも、しぶとく生き延び、共和国政権時代はタリバンの捕虜を大量処刑したりしている。マザーリシャリーフが陥落した時は、豪華絢爛な邸宅が話題になっていた。

話を聞くに、ドスタム将軍邸はいくつもあり、その全てがタリバンの支配下にあり、入るのは何らかのコネがないと厳しそうであった。星形要塞も、周りに存在を知っている人がおらず、形も特に綺麗な星形ではなかったので、優先順位は低かった。

そうなると、昨日失敗したシーシャ屋である。まだ日が昇っているうちに入店できそうなので問題ない。街歩きは一通り終えたので、次は、やりたかったリキシャに乗ってみる。リキシャには何度も乗ろうと思っていたが、首都カブールでは全く見かけないし、地方に行く時も他の人と行動したりして、一人で乗るタイミングがなかった。

リキシャに乗り、道路に出て爆走していくと、また景色は違って見える。

ここでも逆走し始めてかなり怖かった。発展途上国に行くと、道路交通法などあってないようなものである。中央分離帯があって片側一方通行の道路でも、構わず逆走し始めるとヒヤヒヤする。

なんとか無事にシーシャ屋近くまで辿り着き降ろしてもらい、また歩き出した。シーシャ屋は無事営業しており、何のこともなくシーシャを吸えそうであった。

2階席もあったので階段を上って席に着く。2階からちょくちょく客の出入りはあるが、そもそも客の入りは良くないようだ。

シーシャメニューがあるか聞いたら渡された。ほとんどの種類が250アフガニで、高いフレーバーで450アフガニであった。大体380〜680円である。イラクとかイランだと300円ぐらいで吸えるので、一人当たりのGDPを考えるとやはりこの物価もかなり高い。現地人の中でもそこそこお金持ちじゃないと吸えないだろう。

シーシャフレーバーを選んでいると、暇を持て余して謎外国人と喋りたがった店員が数人来たので会話していた。色々話していると、ウズベク人店員二人とタジク人、パシュトゥーン人店員が一人ずつである。流石、ウズベキスタンに近い都市だけあってウズベク人が多いか。

それにしても、異なる人種だと仲良くなれるのだろうか。パシュトゥーン人とウズベク人の関係性を聞いたら、タリバンはクソだと言い始めた。都市部だけではなく、地方都市にいるパシュトゥーン人であっても、嫌いな人は嫌いらしい。

しばらくした後に、また別の来客があった。時計を見ると、昨日の閉店時間からするとほとんど吸う時間が残ってない。問題ないのか聞いたら、一回店に入っていたら問題ないらしい。なるほど、そういう仕組みか。

入ってきた男四人組は、僕の横を通り過ぎて隣の席に座った。店員が僕の話をしだして、挨拶することになった。すると、「こっちの席に座りなよ」と言ってくる。流暢な英語だった。聞いてみると、こっちの医学生だという。どこの国も、大学生で医者とかは本当に英語ペラペラなエリート率高いよな。

この人たちとはだいぶくだけた話をしていたが、一つ面白かったのが経験人数に関する質問だった。日本では結婚する前にセックスしてもいいのか、と聞いてきた。問題ないと答えると、君は何人そういう経験あるんだと返ってきた。

基本的に、こう聞かれたら童貞のフリをしても流石に嘘をついているとバレるので、三人と答えている。そしたら信じられないものを見るような目で「めっちゃF**king Boyじゃん」と言った。

男子校上がりや、非モテこじらせオタクが、女と会話したやつをヤリチンとか陽キャ呼ばわりするようなあのノリだった。これ、ほんとの経験人数言ったら卒倒するやつだな。

他の国でも確かに厳しい場所はあるが、アフガニスタンの反応はだいぶトップレベルだった。本当に結婚するまで童貞が普通なのだろう。そして、海外に行って帰ってくる人もほぼいない。西欧の自由恋愛の感覚とは断絶しているわけだ。

そのまま彼らと打ち解け、宴もたけなわとなった時、お誘いをしてくれた。

「この後時間あるならマザーリシャリーフの名物のアイスを食べよう。その後俺の家に来ていいよ」

正直、夜はデータ移行作業しかやることがなくて暇だったので、彼らの提案を受け入れた。会計を済ませてシーシャ屋を出ると、人通りはほぼ絶えていた。こんな時間に歩いて問題ないのか心配になったが、現地人と一緒なら多分大丈夫だろう。アイスクリーム屋も近いらしいし。


実際、その店自体は歩いて数分の場所にあった。他の店がほとんど店じまいの作業中であったが、そのアイス屋はまだ一応営業していた。僕ら以外に誰一人客はいなかったが。

注文は完全に彼らに任せておいた。しばらくすると注文したアイスが届いた。一つの長方形の皿に六個のアイスと、フルーツにソースが色々かけられていた。普通にちゃんとしたアイスクリームだった。

それにしても、アイスも大皿からみんなでつつくスタイルなんだな。単品も存在するけど、アイスの大皿なんて初めて見た。味は色々なフルーツベースで六個乗っているので、少しずつ味が混ざって色々と楽しめる仕様になっていた。

これで400アフガニか。日本人からしたら安いが、ケバブとかが150アフガニで食べられることを考えると、割と高級品のような感覚であった。

その後、会計はお兄さんが払ってくれるらしい。イスラム文化圏って、どこもまじで客人待遇はいいよな。ごちそうさまです。いやはや、美味しいアイスクリームだった。

金持ち医大生の家

そして、そのまま招待してくれたので家について行った。海外旅行では、知らない人について行ってはいけない、というふうにいわれるし、犯罪を避けるという意味では間違いないが、旅行でなかなか見れない世界を見れるのはこういう場所である。

確かにぼったくりや昏睡強盗のリスクはあるので、ある程度疑ってかかるべきだが、僕はこういう場合ある程度対策した上で積極的に乗っていた。

タクシーに乗り、その人たちの家に向かった。家に着くとめちゃくちゃ立派な構えだった。流石、アフガニスタン内で兄弟揃って医学部に通わせられるような家である。間違いなくここら一帯では金持ちであろう。

家に着くと、父親と子供二人が出迎える。子だくさんだな。ここもまた流石である。通された部屋もでかかった。普通に15畳程度はあっただろう。

乾杯しようとなったが、ここはアフガニスタン。酒がない。この人たちはどうするんだろうと思っていたら、お菓子とタバコ買ってくるから１０００アフガニよこせ、と言う。ん？？？　いきなり金要求してくる？　それにしても微妙な金額だな。歓待って奢ってくれないのか。ここはイラクと違うな。

そうすると、モンスターとポテトチップス、タバコを買ってきた。この人たちの乾杯のお供はここら辺らしい。確かに、モンスターを飲めば夜寝ずに済むけど、海外版の５００㎖の大容量サイズを常飲するのって、肝臓の負担が酒より大きそうだった。

アフガニスタンの夜は何をするんだろうと思っていたら、兄の方が「ゲームをしよう」と言ってきた。どうやら賭け事のようである。

僕はポーカーぐらいしか賭け事をやらないので、やんわりと断った。特に自分の知らないルールのゲームで賭け事などは言語道断である。期待値がマイナスになるゲームは全て嫌いだった。

兄側がしつこいのできっぱり断る。家の家訓でお金を賭けるなと決まっている、とか嘘っぱちを言ってなんとか凌いだ。その言い訳ならいけるんだ。

弟側が、気を取り直して踊ろうと言ってきた。全員で騙す展開ワンチャンかと思ったけど、流石にそれは杞憂であったらしい。兄はただ単にギャンブルが好きな人間であった。ギャンブルは自分で賭けるより、賭けて大損こいて絶望してるやつを見るのが楽しいんだよ。

それにしても、踊りって許されてるんだな。米国大使館前でタリバン兵士がぎこちない踊りをしてたけど、基本的に禁止されていると思っていた。街中でも、踊っている人はその時以外で見ていない。

だが、彼の動きは普通に上手かった。そこまで系統に詳しいわけではないが、中央アジアの民族ダンスに近いような気がした。

「君も踊りなよ」と言われたので、元Ｂ－Ｂｏｙとして軽くステップを踏んでフリーズ決めたら拍手喝采であった。アフガニスタンでブレイクダンスが役に立つとは思ってもいなかった。調子に乗ってハンドスプリングとバク転をしたが、伝統服だとペラペラ捲れるのでやりづらかった。

そしたら、また兄の方が「今度は徒手格闘技やろう」と言ってきた。殴るのなしで、背中とか手ついたら負けって感じ？　毎回打撃系はないし、相撲と柔道が合体したぐらいの感じだな。

イラクで、ＩＳＩＳ戦闘員を三人殺したことのあるイラク軍人上がりと組んだら、僕より小さいのにボコされたので、個人的に今回はリベンジマッチの気持ちでいた。

弟の発した開始の合図と共に手で掴み合ったが叩かれた。衣装の袖の長さ的に柔道技いけそうだったので、大外やら大腰あたりを狙っていたが、技をかけている途中に相手がバランスを崩したので、縦四方固めをしにいったら綺麗に決まりすぎてしまった。

相手は顔を真っ赤にして「そんな技知らない」と言った。これは日本の柔道の技、と答えておいた。なんかやりすぎたかも。ごめん。

なんだかんだ色々やっているうちに深夜3時になっていた。次の日の朝早くバスに乗って移動するつもりでいたので、そろそろお暇しなきゃ。バスに長時間乗るからシャワーも浴びたいし。

その旨を告げると忠告を受けた。

「深夜に歩くのはやめなよ。タリバンに見つかったら面倒なことになるよ。やめといた方がいい」

それでもどうしても僕は帰ると言うので、彼らも諦めた。その髪を見えるようにして口周りだけスカーフで隠せばタリバンに見えるから、あとは携帯を見ずに帰れば、外で他の人に見つかっても皆避けていくからなんとかなると。

確かに。今の髪の長さで真っ暗の中を歩いたら、遠くから見たらタリバン兵士と見分けがつかないだろう。こういう時は、この長い髪の毛が役に立つんだな。

結局彼らのアドバイスに従って歩いていたら、全く誰にも話しかけられずに2㎞行けた。そもそもこの時間人は歩いていないが、ごく稀に歩いている人もタリバンに絡まれるのは嫌なのか避けていった。

ホテルに着くとシャワーを浴びて少しばかり寝る。ショートスリーパーの才能が全くないので、流石に0時間睡眠はきつい。始発チャレンジするとして1・5時間だけ寝た。

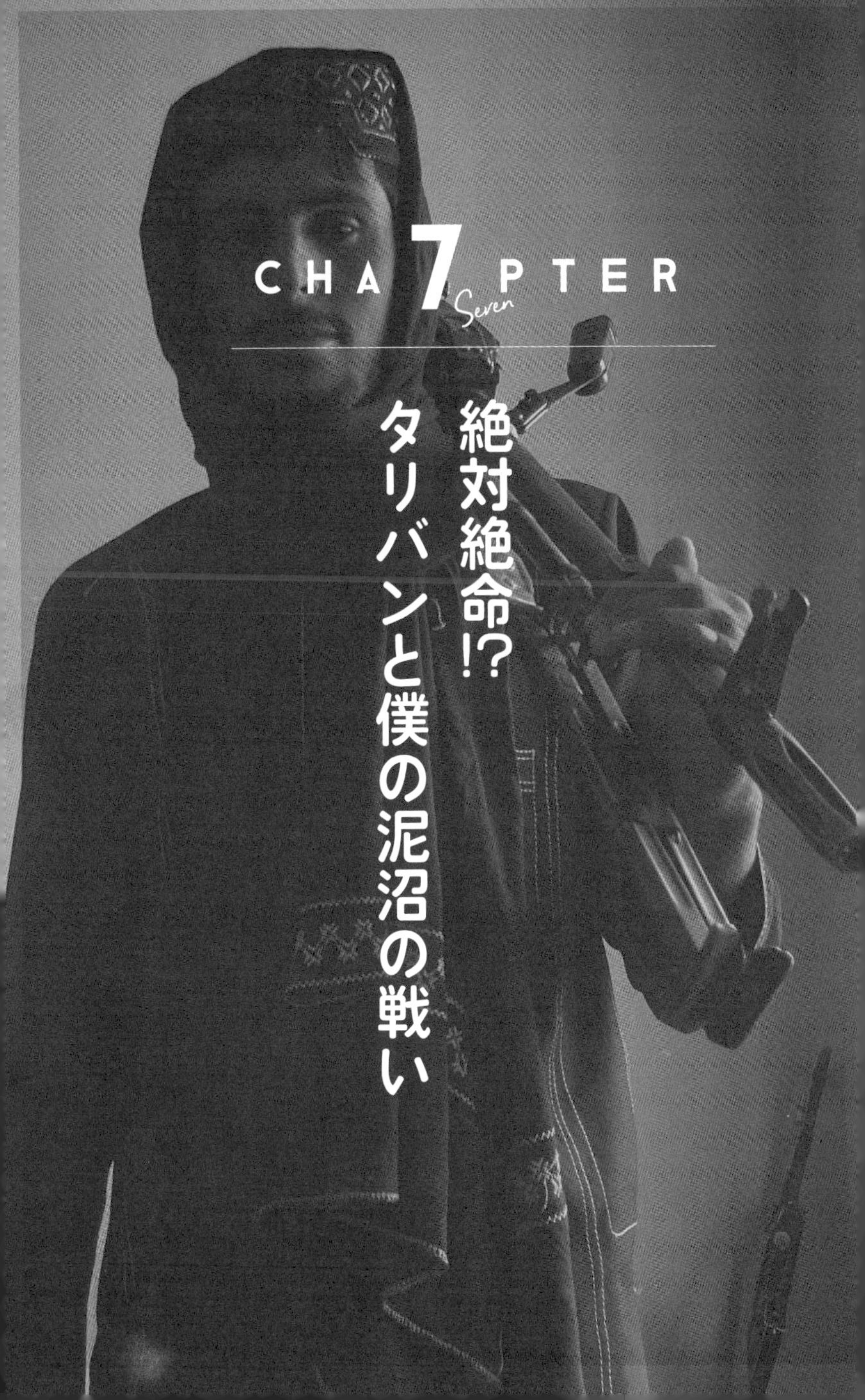

CHAPTER 7 Seven

絶対絶命!? タリバンと僕の泥沼の戦い

今回はまじで結構やばいかも

目覚ましが鳴ると、眠くてしょうがなかったが、大容量モンスターのおかげでなんとか起床できた。荷物は予めまとめてあったので、寝ぼけながら背負ってタクシーを捕まえた。

そのタクシーは50ｍも行かないうちに止まってしまい、うんともすんとも言わなくなった。ここは道路のど真ん中やぞ。幸い、明け方だったのでまだ交通量が多いわけでもない。ドライバーのおっちゃんは車を降りて別のタクシーを捕まえると、そのタクシーに乗るように言った。お金は取られなかった。

頭が働いていない状態でアクシデント発生していたが、無事バス乗り場まで着き、バスに乗った。カプール行きの代金を払い出発時間を聞くと、朝9時だと言う。あれ、これ早く着きすぎたか？　もうちょい寝ればよかったってことね？

かなり早く着いたせいか、車内はまだガラガラだった。全然寝れていなかったので席に座って荷物を抱えて二度寝することにした。

20分ほどした後、バスのオーナーと名乗る男がやってきて話しかけてきた。眠いのでテキトーに相槌を打っていると、質問がだんだん細かくなっていく。これ見れば正式なビザ持っていることがわかるだろ、なんでそんな細かいこと聞かれないといけないんだ。眠いから寝させてくれよ。

眠い時の機嫌は良くないので、あしらっていると、そのおじさんは電話をかけ始めてどっかに消えた。よし、これで眠りにつけるぞ、と思い意識は遠のいた。

肩を揺すぶられ、何か声がする。寝ぼけながら目を開けると、隣にカラシニコフを持ったタリバン兵士二人がこっちを見ていた。おん？？？？？？

寝ぼけた頭をフル回転させる。あのさっきのバスのオーナーがタリバン呼びやがったな。くそか。

タリバン兵士はこっちに色々質問を投げかけてくるが、パシュトー語である。ダリー語と英語しか会話できない、と言ったらダリー語は一応わかるらしい。

タリバン兵士にも同じように説明したが、あっちも呼ばれたから来ただけで、このよくわからない外国人への対応に困っているようであった。なので、とりあえずバスを降りて詰所に連れていく、と言う。

いや、今からバスに乗ってカブールに行く予定だし、何より眠いんだ。勘弁してくれ。早く寝たいアピールをする。実際ほとんど寝れていないので、寝不足でイライラしていた。とりあえず話するからバスを降りてくれ、と言われた。もうこう言われたらどうしようもない。あっちは銃を持っている兵士二人である。いや、まじかよ、勘弁してほしい。


すると、その兵士にこのバイクに乗るように言われる。かなり渋っていたら、一回行ってすぐに送り返すから、とのこと。いや、だからそもそも連行されたくないんだって。

クンドゥーズで手に入れた、タリバン外務省とタリバン警察のツテがあるから勘弁してくれ、と言ってWhatsAppを送ってみたが、まだ朝6時半である。パトロールのシフトが入っていない人間だと、まだあと2時間は寝ているだろう。返信が返ってくる気配はなかった。

弁明してくれる相手は寝ているし、こちらも睡眠不足で頭が全く働いていない。相手もどう対応したらいいか逡巡していたが、どうしようもないので屯所まで一回来いとのこと。

だんだん抵抗するのも面倒に思えてきたので「このバスが出発する8時半までにここに連れてくるなら屯所まで行ってもいい」と言った。

すると、バイクに乗れと指差してくる。バイクといっても小さめの単車である。

これに三人乗るの？　ベトナムとかインドのバイクに一家族が乗るあの光景が浮かんできた。さっさと乗れ、とせかされる。まじか。

早く終わらせたいのと、睡魔で頭が働いていないので跨ると、前後で三人座る構図になった。

バイクはふらつきながら走り出す。人混みの中をふらつきながら走っていく。さっきまでめんどくさいとか考えていたが、命の危機を感じ一瞬で目が覚めてきた。

道路に出ると逆走し始めた。対向車もタリバン兵士を見ると道の端により始める。おいおいおい、ちゃんと走ってくれよ。もう連行されていることより、この瞬間瞬間の命の方が大事になってきた。

幸い、一回交差点に入り道を曲がると本線側に復帰した。交通事故で死んでは浮かばれないので、回していた手をしっかり握り締めた。

バス乗り場から4～5㎞離れただろうか。目の前に検問が見えてきた。そのまま通過すると思ったら、タリバン兵士はその手前にあった屋台で車体を停めた。すると後ろの一人が降りて、店に並んでいるお菓子と水を数個取った。そしてそのまま後部に跨った。あれ、お金払ってなくない？　そんなことある？

バイクが再度出発するが気になって振り返ると、店員は「また来たのかよ」みたいな目をしていた。え、これ収奪？？？　こんな堂々と店から物持って行くの。植民地での占領軍の非道みたいなステレオタイプの収奪を目の当たりにして、さらに眠気が吹っ飛んでしまった。実際にこんなことってあるんだ……。

そして検問である。今回の検問は、区画全体への入域をコントロールしていた。今までの連行された場所と違って、建物も複数あり、屯所一個自体を守っているのとは違いそうだ。

検問を通過すると対向車にランドクルーザーが来た。バイクも停まり、一回降りろと言う。すると、連行してきたタリバン兵士が運転手に話しかけ始めた。窓から見るに、お偉いさんのようである。だが忙しいのか、話半分に聞いてさっさと車を走らせてしまった。あ、解放すぐされないやつじゃね、これ？

またバイクに乗るように言われて再出発すると、区画内をジグザグに行き始めた。途中から砂利道になって、曲がるたびに車輪が取られる。頼むから歩かせてくれ〜。


屯所に着くと、タリバン兵士が数人ワラワラ出てきた。そしてさらに、清掃の仕事をしているおじいちゃんが僕の周りに来てまじまじと観察し始めた。

今までの状況を説明しだすと、手招きされ建物に入れとのこと。何度も見た似た光景。さっさと終わんねえかな。建物の中に入ると応接室に通される。

身元保障してくれるタリバンのツテが起きるまではどうしようもないので、そこにいた兵士たちにパスポートとビザを見せ、正式入国したこと、すでに一週間旅行しており他のタリバンとのコネもあることを必死にアピールした。そして、「ここには、8時のバスまでに戻れるという約束をしたから来たのであって、始発に乗って早く寝たい」と強調した。

眠いならそこのソファで寝てもいいよ。いや、バスの中で寝るから早く解放してくれ。押し問答が続いた。兵士たちは爆笑しながらグリーンティーを出してきた。そういうことじゃないんだよな。

さっきお偉いさんを見た感じだと、やっぱこれすぐ解放されないやつだな。嫌な予感が的中したようである。大声でアピールして喉が渇いていたので、お茶だけはありがたくいただくことにした。

その後はいくつか質問されたが、あまりに眠くていい加減な相槌を打っていたら、再度「寝た方がいいよ」と。八方塞がりなのはうすうす感じていたので30分ほど寝ることにした。その前にトイレ行きたいと言うと、外を指差された。もはや監視する必要すらないのか。

階段を降りてトイレに行き用を足す。発酵した糞便の臭いがするが、眠気でどうでもよくなっていた。さっと済ませ部屋に戻る。あ、これ逃げようと思えば、普通に走って脱出自体はできるやんけ。

部屋に戻るとまた「寝ろ」とジェスチャーを受ける。30分ほどで目覚ましをかけて仮眠することにした。

時間通りきっちり目を覚ますと、十分時間経ったし約束通り解放しろ、と抗議する。わかったわかった、と笑いながら言っているが、全然聞いてないやつだこれ。バス乗れなさそうだな、これ。反応の曖昧さからだいぶ察し始めていた。

切り口を変えて、「そもそもバスの代金を払ったが、乗れないのならせめて料金だけでも返してほしい」と言ったら、顔色が変わった。続けて状況を説明したら、「それは仕方ない、バス停に行くぞ」と。

また原チャリに三人で跨ってバス乗り場に行く。バス乗り場に着くと、タリバン兵士がチケットを売っているやつを探し始めた。

押し問答が始まると、バスの乗客やら野次馬がワラワラと集まり始めた。そのうち話の内容を聞いた現地人で、英語の話せるやつが話しかけてきた。

そいつの英語もかなり怪しかったが、状況を詳細に説明すると翻訳してくれた。タリバン兵士は、ダリー語は喋れたが英語は全く喋れなかったので、それだけでもだいぶありがたかった。

バスの集金係は「俺はそんなこと知らない」と言い張っている。いや、お前僕からお金受け取ったやろ。寝ぼけてても流石にそれは覚えているぞ。

すると、英語を話せるそいつが「いや、確かに君の言い分はわかるし、彼が仮に盗んでいたとしても、それを認めさせちゃったら彼はタリバンに逮捕されちゃうよ。逮捕されたら彼がどうなるかわからない」なるほど、確かにそれはそうである。

料金850アフガニとられたのはムカつくが、ここは日本ではない。1200円で人生が破滅したり、身体刑で腕が切り落とされたりする可能性もなきにしもあらずだ。そりゃ必死に抗弁するわな。

連行されて抗議しまくっていたが、いつの間にか僕の方が追い詰めるようなことをしていた構図になっていた。やり辛いな。いつもだったら「舐められたら終わり」なので、どんなに些細なことであろうと毅然とした対応で言うべきところは言うようにしていたが、そろそろ引き際な気がしてきた。

死刑の時も、遺族側が慈悲の心で許すという手もあるし、それで行くかと思い、タリバン兵士に「大した額じゃない。想像以上に大ごとになってしまった。僕は嘘をついたつもりはないが、これで誰かが人生を棒に振るのも寝覚めが悪いので、このぐらいでいい」と言った。

兵士は、言いたいことはわかったとニコニコした。慈悲の心の発露が気に入ったらしい。そして「もう一度戻るから銃持って」と手渡してきた。え、何その展開。

銃持たせてくれるなら写真撮ってもいいか聞いたら問題ないとのこと。iPhoneを手渡し、色々写真を撮ってもらう。弾倉すら離さずに持たせてくれるって、そんなに簡単に渡されるとこちらがびっくりする。

一通り写真撮影会は満足したので、再度バイクに跨る。どうせお偉いさんの了解得ない限り解放してもらえないし、それなら撮れる間に銃コレクションで写真撮りまくっておこう。

バイクはガソリンスタンドに立ち寄った。そして給油している間、タリバン兵士がカラシニコフを、僕がM４カービンを持つ形で色々写真を撮った。すっかり気に入られとるやん。

その時、タリバン兵士はトリガーに指をかけていた。ミリオタが見たら、危険だと速攻でぶっ叩かれるやつである。でも、彼らタリバン兵士だと気にしていないやつが多かった。

誤射するリスクより、標的に会った時にすぐ射撃態勢に入れない方が危険なのか、正規軍みたいなきっちりとした軍事教練を受けてこなかった結果なのかわからなかった。

一通り写真撮影が終わった頃には給油が終わったのか、また跨るように合図される。銃は何も言われなかった。これ僕が背負うの？　もはやどっちが兵士で監視しているのかよくわからなくなってきた。このガソリンスタンドでも、タリバンは一切お金を払っていなかった。これどこでもやっているのか。

そのまま安定の逆走で、ビビりながら屯所に着いた。ここで、出てきた兵士を含めて記念撮影大会である。これ、この建物の中にある武器と写真撮れるんじゃね？

建物の中に入った後、部屋にＰＫＭ軽機関銃が転がっていた。弾倉の凹み具合や塗装の禿げ方から、使い込まれた兵器なのがわかる。聞いたら、戦争で長く使われてきたものらしい。これは是非とも一緒に写真を撮りたい。

解放してくれないならこれと写真撮らせろ、と言ったら、あっさりＯＫが出る。いいんだ、これ。やった！！！！　これはでかい。米軍鹵獲兵器の写真は各地で色々撮れていたが、歴戦のタリバン兵士が使っていたような兵器の写真はまだまだであった。

写真を撮っていると、タリバン兵士もノリノリである。銃を3人で持って、一人はナイフを構えたりする。

撮影を終えると「お昼寝の時間だし、君も寝なさい」と言われた。そしてまた同じように、早く解放する方が先だ、と答えた。だがこっちの話はガン無視して、イビキを立て始めた。隣には弾倉が入った銃が無造作に転がっている。これ、僕が銃使って乱射する可能性考えないのかな。これは信頼されているのか、戦争に慣れすぎた結果なのか全く理解できなかった。

早く別都市に移動したいのは山々であったが、写真撮影で正直かなり満足してしまったため、牙をもがれてしまった。一旦皆々が各部屋に分かれておやすみタイムになったので、僕もソファの上で3時間ぐらい寝た。

すでに15時である。連行されてから9時間が経過していた。え、これ今日中に解放される？

いや、確かに疲れて寝てたし、銃持って写真撮らせてもらってるから、ゆるゆると言ったらそれはそうなんだが、あまりにも長い。そんなにボスの確認に手間取るか？

これ今日中にバス乗り場行けるか？　ワンチャンもう一回カンダハールチャレンジをかけようと考えていたが、今日中にバス乗れなければ、まず時間的に厳しい。実際問題どうなっているんだ？　と問い詰めたが、全くちゃんとした答えは返ってこない。

18時のバスを逃したら、今晩はマザーリシャリーフ滞在が確定である。その後のタイミングで解放されたらホテルまた取らなきゃいけないのか、流石にそれはだるすぎる。

時間的な焦りが出てきたので、頻繁に確認して抗議していたら逆ギレされてしまった。え、これ僕が悪いの。機嫌をだいぶ損ねたのか、部屋に鍵をかけられてしまった。いやまじかよ、完全に軟禁されてるじゃねーか。

トイレに行く時も、いちいち鍵を開けてもらって行かないといけない。かなりめんどくさい。今まではかなりゆるかったのにトイレまでついてくる。完全に目つけられてんな。いや、僕悪くないだろ。

結局、人の出入りはあったものの、それ以上の進展はなく18時を超えた。いやまじか。まさか早朝に連行されて、その日中に解放されないなんてことがあるのか。

部屋に閉じ込められ全く何もすることがなく、トイレに行くにも兵士がついてくる状況になってからしばらくした。すると、兵士がゾロゾロ外から帰ってきた。今から夜ご飯らしい。

お前もこっち来て食べろ、と言う。僕が欲しているのはメシじゃなくて解放なんだよなぁ。と言ったところで、すでにバスはないためもう嘆く意味はなかった。

さっさとご飯を食べて、改めていつ解放されるか聞いたら、明日の朝には問題ないだろうと言われた。ほんとか？　ほんとか？

全く信用してはいなかったが、これ以上軟禁されておとなしくしているのもムカついたので、色々聞かれたが「明日早く出発したい」と言って、ご飯を食べたらすぐ戻って寝ることにした。普通に抗議しまくって疲れていたのもある。

死を覚悟した36時間

起きたら朝の3時だった。今日解放されるか聞いたが、また首を振られた。あ、ダメだこれ。もういいや。

この時点で友達に「やばいかもしれん」と送っていた。入国前に遺書を託していた友達である。今までの連行はせいぜい数時間程度で終わっており、ここまで長引いたのは初めてである。

これ以上状況が変わらないのはよろしくないので、24時間以上経過したら、訴えるために断食を行う「ハンガーストライキ」をすると決めた。起きてからも特に状況変化はなかったので二度寝した。

朝ご飯の時間だということで起こされたが、解放が確定するまでもう食べないつもりだったので、無視して三度寝した。寝すぎですぐに目が覚めたが。

昼が過ぎた頃か、突如部屋に大量の兵士が来て、荷物をまとめて車に乗れと言う。ようやく解放か？　と聞いたら、そうだと言う。ようやくか。この時点で30時間が経過していた。

長すぎやろ。

荷物といっても、朝にはすぐ出るつもりでいたので、本を数冊と充電用のコードをリュックの中に入れるぐらいである。そして促されるままに車に乗り込み、兵士二人に挟まれるように座る。

全員乗り込んだと同時に車は急発進する。未舗装の砂利道なので車体が大きく揺れる。なんだ、やたらと急いでいるな。こんな時間にバス走ってたっけ。

角を二つほど曲がった時に、突如急ブレーキが踏まれて車外で砂埃が激しく舞う。今度はなんやねん。障害物があるわけでもないのに。するとそのまま後方にギアを入れて後退し始めた。なんだ、解放じゃないのかよ……。

こうやって、期待をもたせて裏切られるのって一番心折れかけるんだよな。めんどくせえな。もう、ここまで何回もやられると諦めがついてくる。こういう場合は精神が参った方が負けである。大きなため息をついてひたすらアピールしておく。車はまた建物の前に停まった。

建物に入るように促されるが、こちらも精一杯の抗議として牛歩戦術を取る。僕が山本太郎だ！！！！

タリバン兵士たちはそのまま近くの部屋に入り、床に座って手招きした。今度はなんだと不機嫌な口を利くと、荷物を全部出しここに広げろと言う。今さら手荷物検査？？？

とりあえず、何もなく拘禁されるよりは少しでも進展あった方が面白いし、いいかと思ってそこは素直に応じることにした。

リュックの中をぶちまけると、服やら本は一切無視であった。袋に入れてあるケーブルの数から携帯端末の台数、ＨＤＤの数などを数え上げては、写真を撮って誰か宛にWhatsAppで一個一個送信している。

散々長時間拘束しといて、こんな面倒くさい作業手伝うのも癪なので、「せいぜい頑張れ～」と口には出さずとも思いながら見ていた。予備ストックや、色んな規格に合わせて大量のケーブルを持っていたのでかなり大変そうだった。お疲れさん。

写真を撮り終えると早くしまえとのこと。めっちゃ疲れてるやん。下っ端も大変だな。片付けは慣れてるので一瞬で終わらせる。彼は軽く体をストレッチすると、もう一度車に乗るように言ってきた。今度は本当に解放なのか？

期待せずとも、この建物自体には飽き飽きしていたので、次の建物に移れるならそれはそれで退屈凌ぎにはなるな。そう考え、車に乗り込んだ。

先ほどのような荒々しい運転で再出発する。今回は無事、ブレーキを踏まれることもなく検問所まで来る。

検問もあっさり通過したが、そのままバス停のある東側に向かうことはなかった。やっぱそうだよな〜。そんなうまい話があるわけないよな。そのまま車はマザーリシャリーフ中心部に向かって進み始める。連行は続くけど、市内中心部に近いとネット回線は安定するんだよな。

とりあえず、ポジティブにポジティブに考えようとしていた。連行自体は何回もされていて慣れているものの、ここまで長時間かつ一旦期待をもたせるような流れの後に奈落の底に突き落とされるような展開が連続すると、流石に精神的疲労がくる。

車は相も変わらず荒い運転をし、幾度か道を曲がった後、鉄門の前に停まった。これはまたタリバン政府のどっかの部署の建物だな。建物をぐるっと囲む塀に有刺鉄線、監視塔とそこに立つ監視兵。

敷地内に入ると、建物に入るように促される。この展開も慣れてきちゃったな。どうせ階段上がって応接室みたいなところ連れてかれるんでしょ。

予想通り4階まで上がって応接室に通される。するとそこには、手錠をかけられたおじさんが床に座っていた。え、まじか。僕をここに連れてきた理由はなんなんだ。さっきまでトイレに行く際にも兵士に監視されてたけど、ここにきて逮捕された人と同室にされるってことは、とうとうお縄になるのか。あらら〜。

朝ご飯を食べておらず、だんだん血糖値が下がってきてイライラしてきた。最初は一瞬目の前のおっさんを見ていたのだが、それも忘れかけていた。早く解放しろよ。

周りの兵士の一部は逆ギレしていたが、キレるのはこっちの方だろと言ったら、隣にいたおじいさんが「こいつの言うことももっともだ」と僕の肩を持ってくれた。やっぱ戦争で生き残ってきたような兵士ほど、そこら辺の包容力が違うな。

おじいさんは、少なくとも話を聞いてくれそうなので、お茶ぐらいは飲むことにした。

兵士たちの話を聞いていると、手錠をかけられて座っていた男は、どうやらバザールで窃盗をしていて捕まったようである。イスラム法が適用されるなら、このおっさんは盗んだ方の腕を切り落とされるのか？　まだこの時点では刑を実行していなかったのでどうなるかわからなかった。

ただ、それにしても、どこの役所に連行されても大体、お座敷か会議室みたいなところでみんな座ってだべっているだけだ。あとは、検問なりパトロールで銃持ってうろついているだけである。これで本当に国が回るのかよ。日本人は真面目に働きすぎ感はあるが、こっちはまじで喋っている以外何もしてない。

マザーリシャリーフのトップ

しばらくすると、別の部屋に行くように案内される。さっきの部屋にはお偉いさんいなかったしそろそろかな。

扉を開けてみると、比較的若いお兄さんが社長椅子のところに座っていた。あら、髭もじゃのムジャーヒディーンじゃないぞ。まだ上に人がいるのか、これ。

すると、彼は手を差し出しながら言った。「今回は長く待たせてすまなかったね」流暢な英語であった。それまで英語で話せる人がいなかったので驚きである。

「クンドゥーズにいる同期の仲間から君のことを聞いたんだ。君が、解放されたいから身元保障人になってくれって連絡送ったでしょ？」

ここでようやく状況の理解が追いついてきた。

拘束されてすぐにクンドゥーズのタリバンのお偉いさんや、その他知ってる範囲で協力してくれそうなタリバン関係者にWhatsAppで連絡していた。そのうちの一人で、タリバン外務省クンドゥーズ市のトップが、ここマザーリシャリーフのこの部署のトップと、戦闘員として同期で友達だったらしいのだ。

そして、軟禁されているのが僕だと知って、ここに呼び出したとのこと。昨日、連絡した後に返信が途絶えたが、ちゃんと動いてもらっていたらしい。これはどうやら解放確定だぞ。ようやく終わりが見えた瞬間だった。長かったなぁ……。

「いつから拘束されてたんだい？」

「昨日の朝６時からなので33時間ぐらいですね……」

「いや、それは長いな。ほんと僕の部下が悪いことをしたね」

ようやくまともに会話してもらえそうであった。

そして、一番重要なことを切り出す。解放してほしいのでカブール行きのバスにもう乗ってもいいか。いい加減疲れた。

「ＯＫ、ＯＫ、問題ないよ。でも今15時で、今から乗れるバスの発車時間は18時だから、それまで僕と話してくれるかな？　バス会社は知り合いがやっているし、今から話をつけておく。もちろん送っていくから安心してくれ」

心強い答えだった。

ようやく解放だ〜〜！！　18時出発だとちょうど1・5日で36時間だな。クンドゥーズで作っておいたコネが役に立った。

そこからは、いつも通りの自己紹介をしていった。彼は話を聞きながら質問し、大学の専攻や喋れる言語のこと等々、細かい話に至った。大学の専攻を聞かれて、物理工学だと答えたら「僕も情報工学を専攻していたよ。物理って楽しいよね」

そこらの兵士や一般市民だと就学はおろか、文字すら読めない人が存在している。その中で、大学で情報工学まで専攻して、英語も流暢に話せるようである。助けを求めたクンドゥーズの外務省トップも確かに英語ペラペラやったな。やっぱ上に立つ幹部クラスになってくると、そのぐらいの学歴持っているやつがいるのか。イスラム神学校の生徒だけじゃないんだ。

まさかのちゃんとしたエリートが出てきてびっくりだ。あちらも僕のことが気に入ったのか、「君みたいな賢い人と出会えてとても良かった。色々聞かせてもらっていいかな」

頼み方も下っ端兵士とは大違いである。

「それだけ色々な場所を旅行しているなら写真を撮っているだろう。旅行したことがないので写真良かったら見せてくれないか。もし嫌だったら断ってくれて構わない」

他の兵士だと力づくで携帯を見ようとしてくるが、丁寧な言い方をされたので快諾した。

彼も同じくアフガニスタンから一歩も出たことがないようで、画像を一枚一枚じっくり見ていく。が、女の子と一緒に写っている写真を見てこう聞いてきた。

「日本は未婚セックスや不倫は合法なのか？」

「未婚セックスは、年齢制限はあるものの何も問題ない。不倫もイスラム国家のような刑法上の裁きはないかな」

「もし君の妹や娘がそういう行為に及んだらどうするんだ？　君はどう思うんだ？　悲しくないのかい？」

かなり強めの口調だった。

個人的な意見ではなく、日本人の一般論の感覚と断った上でこう答えた。

「本人たちの意見や行動に怒りや拒絶を覚えたり、村八分にする可能性はあるが、最終的に本人たちが自分でそうした以上、干渉することはできないし、法律上裁かれることもない」

するとまあ、がっつり姦通罪のない世界を聞いて、苦虫を噛み潰したような顔になっていた。タリバンの中じゃかなり知的階層なのは間違いないけど、答えるのにいちいちヒヤヒヤした。写真の枚数が多すぎて整理を全くしていないのも問題だな。

また、シェアハウス時代の同居人のおなほむ君を撮ったふざけた動画を再生されそうになった時もヒヤヒヤした。彼が、全裸監督のモノマネで素っ裸になった動画とかを見られそうになった。写真動画で15万枚ぐらい携帯に入っているので、ここまで気が回らなかった。

逆に、数多くの外国人ジャーナリストを公開斬首したことで名を馳せたイスラム国の処刑人、ジハーディー・ジョンのコスプレを見た時は「これかっこいいね」と褒められた。日本で出したら炎上ものである。そこ大丈夫なんだ、と謎の安心感を得た。

次に、アメリカをどう思っているのか聞かれた。日本とアメリカは敵国同士で争ったのに、どうして今は同盟国なのか聞かれた。

「確かにアメリカのやってきたことは虐殺だし、原爆の凄惨さは類を見ない。だけど、現在僕らが敵対しているのは共産主義国家の中国なんだ。タリバンだって人民民主党政権を倒したのと同じで、我々も共産主義と戦わねばならない」

僕はもっともらしいことを述べた。

「確かに中国はムスリムであるウイグル族を弾圧している」

お偉いさんは反応した。

「そうそう、我々は彼らに侵略され弾圧されないようにしているだけだ」

どうやら彼は納得してくれたようである。とりあえず話題が変わってくれて安堵した。

そこに一人の部下が入ってきて、彼を紹介し始めた。その部下はクルアーンを全部暗誦できるらしい。ボスが彼は素晴らしい人だと絶賛し、クルアーンを吟じるように命じた。

タリバン内で役職では下でも、礼拝の時とかはこういったクルアーンを詠むのがうまい人が先導したりするよな。そして実際に、誦《そらん》じる音はやはり美しかった。クルアーンが詩的にも美しいのはこういう時に実感する。

聞き入っていると、また別の部下が入ってきてはボスが命令を下していく。下っ端は暇そうに喋っているけど、上は結構忙しいんだな、これ。管理職が大変なのはどこも一緒らしい。

バタバタしている間に部屋を眺めていると、面白そうな冊子が積まれているのが目に入ってきた。あれはなんだと聞くと、アメリカとのジハードについて書かれた本だという。

「これを連行した代わりにお土産としてくれない？」

すでに記念写真やコネなど十分成果は上げていたが、36時間軟禁されたならもっと要求してもいいだろう。

「いや、本当にすまんかったわ。私のサイン入りであげよう」

いや、まじか。それはいい手土産になる。なんでも言ってみるもんだな。

色々話し込んでいる間に予定の18時が近づいてきた。

「昨日今日と本当にすまなかった。今からバスに送っていくよ」

長かった1日半が終わった。最終的にお偉いさんのコネ作ってきたし、結果良ければ全て良しでしょう。

玄関に下りて行き、自分のサンダルを探したがなかった。日本の傘立ての傘パクとおんなじゃんと思っていたら、どれでも好きなの履いていいよと。ここら辺はいい加減だな。

車に乗り込み、バス停へと向かう。車の中で音楽をかけ始めたと思ったが、どうやら普通の音楽ではないっぽい。彼が言った。

「これは聖典を吟じたものだよ」

お〜、これが音楽禁止令を出したタリバン政権の中でも許されている宗教音楽というやつか。タリバンだと本当にこれ聞いているんだ。実際に耳にしたのはこれが初めてであった。

そうこうしているうちにバス乗り場に着いた。彼が手配してくれたバスに乗る。運転手が知り合いなので、一番前の席に座って何かあればいつでも頼ってくれとのこと。心強い申し出である。

バスに乗り込むと、どっと疲れが出た。今回は周りも知り合いだし、多少は寝ても問題なさそうであった。バスが出発し程なくした後、荷物を抱えて眠りへと落ちた。

ジャラーラーバードのアフガン難民

カブールには早朝に着いた。次のシリア旅行への日程が迫っているので、また連行されたらパキスタンからレバノンへ飛ぶ飛行機に乗り遅れてしまうだろう。そのためカブールは早めに抜けて、パキスタンへと通ずる東部の街ジャラーラーバードに向かうことにした。アフガニスタン東部最大の都市で、パキスタンからカイバル峠を越えて最初に到達する交通の要所である。

カブールで土産でも手に入れて行こうと考えていた。基本的に、重い荷物は私物のコレクション以外持ち歩きたくないので目星をつけていた。それはタリバンの鉢巻である。白い布地に黒字でクルアーンのシャハーダが書かれている。これなら大して場所も取らないし、インパクトがあって良い。

大体どこら辺で手に入るかを聞いたところ、街中にある衣料品を売っている屋台の中で見つかるとのこと。それを信じていくつか有名な屋台街を歩いてみたものの、結局どこにも売ってなかった。

コネは作ったし、またアフガニスタンに来ようと思えば来れるし、今回は予定が狂う方が困るな、ということで諦めることにした。ジャラーラーバード行きのバスを探したが、乗合タクシーしかないようである。ただ、街の人はあまり知らないようで、道すがら通行人に聞いてみたが目的地に到達するのに時間がかかった。

ジャラーラーバード行きのタクシー乗り場に着くと、多くのドライバーが取り囲んできて「自分の車に乗れ」と言ってきたので、誰が一番安く行けるか交渉させた。市場の競りのようである。

無事相場より安く交渉できたので、他の同乗者を集めるのを待った。昼間だけあってすぐに集まり、10分程度で出発することができた。車は走り出し、数㎞ほど行くと突如曲がって自動車整備工場に入った。いや、まじか。ジャラーラーバードまではせいぜい2〜3時間程度の距離であったが、これは追加で1時間はかかるだろう。余裕を持った旅程にしといてよかった。

暇なのでまたモンスターを買いに行って、スナック菓子をおかずにしていた。この国で、きっちり計画を立てた上で旅行することは極めて難しい。

車体の修理が終わると、東に向かってまた走り出した。道路上には夥《おびただ》しい数の検問があった。多くはチェックもせず通り過ぎるだけだが、重装備である。ここまで都市間の道路で検問が多いところは他の地域でもなかった。対向車線を見ると、パキスタン側から来る車両はチェックが厳しそうであった。

車はずんずん走っては検問付近で減速する、を繰り返していくと、いつの間にか周りは急峻な山間であった。そして徐々に標高を下げていく。カブールは標高1760mもあるので、どうやらだいぶ高いらしい。


ジャラーラーバードに着くと、大量の三輪タクシーのリキシャが見えてくる。これを見ると地方に来た感じがある。

夜になりシーシャ屋に入る。地方だとあまりシーシャ屋はメジャーではないが、ジャラーラーバードに関しては、歩いていたらすぐに見つかった。

店舗に入るとお座敷タイプが用意されていた。暑いので涼しい席を希望したら、窓際の座るタイプの席になった。水タバコの種類はあまりなかったので、オーソドックスなレモンミントにしておいた。シーシャのお供にはグリーンティー。アフガニスタンの後はシリアなので、この緑茶ともお別れである。最後の夜として堪能することにした。

来店した時点ではあまり人がいなかったが、すぐに店は混雑し始めた。

手が空いた店員が話しかけてきたので、ここ2週間弱の旅行談や、明日パキスタンに抜ける話をすると面白がっていた。

店員が馴染みの客に「一人変わった日本人がいる」と話し始めた。手を振ってノリ良く応じていたら、そのうちの一人がこっち側に来た。そして突如「テザリングさせてほしい」と頼み込んできた。

現地人だし、「なんでＳＩＭカード持ってないんだ？」と不思議で、正直繋ぐのは面倒だったが、あまりにしつこかったのでパスワードを教えた。

そしてその後、唐突に自分語りを始めたので適当に相槌を打っていたら、明日アフガニスタンから脱出するという。え？？？？？？？

テザリングしてネット回線を確保したかったのは、もう出国するので解約したという次第であった。面倒なやつだと思っていたら、ちゃんとした理由があったのである。明日、パキスタンへ陸路国境を抜けてドイツに脱出するらしい。

そもそも、アフガニスタン市民で国外に出国できるのなんて、タリバン兵士のある程度お偉いさんぐらいだと思っていたので、こんなルートがあること自体驚きである。彼曰く、ドイツにすでに亡命した親戚がいるので、そこのツテを頼りに出国する書類等を確保したとのこと。

この旅行中にタリバン政権を批判し、アフガニスタンを出たいという人は数多くいたが、実際に行動している人を見るのは初めてであった。

突如、面白い話になったので、もっと彼の身の上話を聞くことにした。

「私は、タリバン兵士と同じパシュトゥーン人であったが、共和国政府側の人間で、ここジャラーラーバードにて水源管理の職についていたんだ。でも昨年の、タリバンがアフガニスタン全土統一して以降、職場にも兵士がやってきて職場全員が追い出されたんだ。事実上クビなんだよね！！！！」

彼はブチギレながら話す。

「まだ比較的資産があったので、無事食い繋ぐことはできたんだけど、もうこの国には見切りをつけた。すでに国外脱出した親戚のコネを使うことにしたよ」

僕も明日には出国する旨を伝えたら、タイミングが合えば会うかもね、と言われた。

最後の荷造りがあるとのことなので彼の話はそこで終わり、彼の脱出が無事であらんことを願ったら、ありがとうと言いながら笑っていた。

さらば！　衝撃の国アフガニスタン

アフガニスタン最終日なので、最後に現地メシを食べようと思い立ち、散歩しながら美味しそうな店を探した。近くに煙をモクモクあげながら串を焼いている店があったので暖簾をくぐった。チキンの串焼きにパンの付け合わせというシンプルな組み合わせであったが、豪快に店前で焼いた串の肉が出てきて美味しかった。

乗合タクシーを捕まえ出発する。ここから国境までは80㎞ほどなので、検問待機時間を考えたら2〜3時間もあれば着くだろう。ここからの検問の数がすごかった。カブールからジャラーラーバードまでの間も検問が多かったが、より間隔が狭くなっている。

そして、検問だけではなく、道路脇の小高い丘の上には土嚢を積んだ監視塔があり、そこに狙撃できるように銃が台座に据え付けられていたり、米軍から鹵獲した装甲車がパキスタン方向に向けて置かれていた。

ウズベキスタンとタジキスタン方向の国境状況しか聞いていないが、ここまで仰々しいのには驚きである。検問の数が多く引っかからないか心配していたが、運転手に向かって確認の声かけをする程度で、実際に乗客に話をしてくることは三回ほどしかなかった。そのどれも、澄ました顔をしてダリー語で返していたら特に問題なく通過した。

そんなわけで、物々しい割にあっさり通過してしまい、国境の街トールハムに来た。国境から2㎞ほどあったが、ここからは車が使えないらしい。車から降り歩き出すと、泥まみれのストリートチルドレンがワラワラと集まってきた。

「荷物が重いから運んであげる。だからお金ちょうだい」というわけである。貴重品が入った物は他人の手に触れさせないのが旅行のポリシーなので、テキトーにあしらっていたが、そもそも謎の外国人が珍しいのかずっと話しかけてくる。そのうち勧誘自体はどうでもよくなったのか、「何人なの？」とか「どこから来たの？」とか質問をバンバン投げてくる。

どうやら悪意はなさそうだし、貧相な身体で憐憫の念を感じたので、雇ってあげることにした。アフガニスタンのお金も、連行されて使い道がなく余っていたし、収集用と土産用以外ならここであげてもいいか。

車椅子の形をした荷台にリュックを乗せて、国境検問所に向かって歩き出す。検問所までの道には、土産屋や両替商が大量に並んでいた。残りのお金で、パキスタンに行くタクシーかバスの代金を両替しておいた。

国境検問所に着くとタリバン兵士が数人立っている。パスポートを見せ書類を確認すると、先に進めとのこと。思ったよりあっさりしてるな。そのまま突き進むと机が置いてあり、そこに数人座っていた。

同じくパスポートを見せると、口を開けろ、と言う。「え、なんでや？」と怪訝に思って聞いてみると、ポリオの経口摂取ワクチンだという。話を聞いてみたら、共和国時代からあるポリオワクチンセンターである。お～、まじか。

ポリオは、この世界で天然痘に次いで撲滅できそうな感染症である。長年のワクチン摂取による根絶作戦が功を奏し、残りはパキスタンとアフガニスタンの国境に跨る一帯だけとなっていた。内戦中も各国の努力により接種が続けられてきたが、アフガニスタンがタリバンによって統一されて以降、接種事業が途絶えたと危惧されていた。

だがしかし、国境を越える旅行者に接種させる作業自体が残っているというのは、希望を持てる光景であった。すでにポリオワクチンは別の形で接種したことがあったが、記念に接種しておいた。このままアフガニスタンに平和が訪れて接種計画が順調に進み、この世界からポリオが根絶されることを願った。

ワクチンを接種してさらに進むと、また別のタリバン兵士がいた。再度パスポートを見せると怪訝な表情で顔を見合わせた。こんな陸路で日本人が出国するのは想定していなかったのだろう。入国の時と同じであった。

ちょっと上に確認する、と言って一人がどこかに消えた。

待っている間に別の兵士が手荷物検査をすると言い出し、応じた。その間に話していると、アフガニスタン旅行はどうだったか聞かれた。タリバンに何回も連行されたり、ニュースで流れてきたような米軍鹵獲装甲車を見れて楽しかった、とは口が裂けても言えなかった。なので、自然や人々の優しさに触れられてとても良い経験ができた、と無難な答えをしていたらニコニコしていた。荷物持ちの少年もやじを飛ばしてくる。

荷物検査が終わる頃にさっきの兵士が帰ってきて、次の経路で審査官にスタンプを押してもらえば良いとのこと。指示通りに歩いていくと窓口があり、パスポートを手渡す。そして、あっさり出国スタンプを押されて出国が完了した。

そのままパキスタン側に行くかと思ったら、検問のタリバン兵士の一人が案内していくという。まあ、無事に出国できたし、問題ないかと思ってついて行く。荷物持ちの少年もそれを追いかける。

タリバン兵士は鞭を持っていた。あれ、さっきそんなの持ってたっけ。気づいた時にはパチンと空を切る音が鳴っていた。兵士はブンブン振り回しながら歩いていく。

そして国境を通過する現地人に向かって鞭を振るった。

え、そんなことある？？　いきなりの横暴にびっくりしてしまった。通行人は防御姿勢を取りながらやり過ごし、タリバン兵士がそのまま先に進み目を離すと、恨めしそうな目で見ていた。

流石に僕は大丈夫だろうと思っていたが、こういうタイプはキレると何をするかわかったもんじゃないからヒヤヒヤしていた。無事国境を越え、パキスタン側の検問所方面への列に並ぶ。


それにしても、この国境の往来はいまだに盛んであった。アフガニスタン側から出国する外国人は初めて見た、とは言われたが、逆にパキスタン側から入る人は一定数いるだろう。そもそも現地人の商人は普通に行き来しているようであった。

列に並んでいると、狭い金網で囲まれた通路を子供たちが逆走して行った。パキスタン側の役人が追っかけてきたし、そこにいたタリバン兵士も通路を塞ごうとした。しかし、そのうちの大部分がアフガニスタン側へと入っていった。捕まった子供はパキスタン側へと連行されていった。どうやら子供が密入国したようである。

各々が何か荷物の入った袋を抱えており、アフガニスタンへ密入国して荷物を渡すか売るのだろうか。こんなあっという間の密入国の瞬間を目撃するとは。

パキスタン側への入国も、少々手間取ったが無事終わり、入国である。乗合タクシーの値段交渉をして乗り込む。だが渋滞が非常に激しかった。カイバル峠を登り切り、渋滞で動かなくなった瞬間に運転手が降りたので、一緒に降りて眼下を見渡すと、何百台と連なる大型トラックが見えた。

タジキスタン国境でも、確かにひっきりなしに車両が通過していたがその比ではない。アフガニスタン側から来たトラックには、大量の羊や石炭などが積載されていた。石炭を積んだトラックはバーミヤン渓谷沿いで見たのでそれを輸出しているのだろう。それにしても、見える範囲だけでもかなり数が多い。これは渋滞してもおかしくない数である。

少しずつ進むも渋滞は酷かった。だいぶかかった後、前を見ると検問である。なるほどそういうことか。数もそうだが、検問でいちいちチェックしているから詰まっていたようである。タクシーはあっさり通行許可が下り通過できた。そこからの道は空いていた。

アフガニスタンから来るとパキスタンはだいぶ発展していた。だが兵士の装備は、アフガニスタンの方が断然いいものを持っていた。タリバン兵士が一丁60万円ぐらいするM4カービンを持っていたのに、こちらは経年劣化で木の部分が変色しているカラシニコフである。なんともチグハグな世界だ。

あとがき

　さて、アフガニスタンを出てから1年が経とうとしているが、やはりあの国ほど旅行していて衝撃だった国もなかった。アフガニスタン以降、シリアやアトス自治修道士共和国といった国に行き、確かにそこは戦場跡であったり宗教国家であったりと特徴的ではあるし、興味深いのは否定しないが、インパクトでは敵わない。この先も、あのタリバン政権下のアフガニスタンと同じ感覚は、簡単には味わえないだろう。

　アフガニスタンという国に横たわる諸問題については、良くも悪くも数多存在するだろう。タリバン政権を猛烈に批判し貧困に喘ぐ人や、親戚・友人のツテを頼って亡命しようとする人たちもいた。だがしかし、タリバン政権を支持する人たちも多く、外から見ただけではなかなかわからない世界を、実際に目にすることで理解できた。

　現在、西側諸国の大半はウクライナと台湾にかかり切りで、アフガニスタンに関わる余裕はないように見受けられる。従って、米軍が撤退する前のような関与はこれから考えられず、またタリバン政権が隣国のイランやパキスタンと度々いざこざを起こしているので、そっち方面から流れが変わる可能性はあるが、それを除いたらタリバン政権がしばらくアフガニスタンを統治していくだろう。

僕はあまり渡航する国についての善悪についてあれこれ言うつもりはない。いや、寧ろ違うところがあるほどこのような面白い経験をできているので、何も言える義理はない。旅行中、何回もアクシデントがあったが、終わってみればいい体験であった。

これからタリバン政権が続くことを考えると、簡単に観光旅行できるとは言えないが、独裁国家として、ある意味内戦していた頃より安定はしているので、そういう観点から見たら死ぬ確率等は下がった可能性がある。

ここからのこの国の未来がどうなっていくのかには非常に興味があるし、機会があったら是非もう一度訪問してみたいと思う。

また面白い未承認国家や、破綻国家に旅行できる時があったら文を認《したた》めたいと思うので、ここら辺で筆を置く。この本を出版するにあたってご助力をしていただいた担当編集の方々を含めてお礼申し上げたい。

限界旅行者、
タリバン政権のアフガニスタンへ行く

2023年9月22日　第1刷発行

著者	指笛奏者
発行者	谷口 一真
発行所	リチェンジ
	〒115-0044 東京都北区赤羽南2-6-6 スカイブリッジビル B1F
編集	桑原 静羽
編集協力	玉村 菜摘／小森 優香
DTP	玉村 菜摘
カバーデザイン	喜來 詩織（エントツ）
印刷・製本	中央精版印刷株式会社
発売元	星雲社（共同出版社・流通責任出版社）
	〒112-0005 東京都文京区水道1-3-30
	TEL：03-3868-3275

ISBN978-4-434-31983-9　C0026